MW01715287

Illusions

RICHARD BACH | *ŒUVRES*

JONATHAN LIVINGSTON LE GOÉLAND	*J'ai lu* 1562*
ILLUSIONS	*J'ai lu* 2111**
UN PONT SUR L'INFINI	

Richard Bach

Illusions

Le Messie récalcitrant

traduit de l'américain par Guy CASARIL

Éditions J'ai lu

Titre original :

ILLUSIONS : THE ADVENTURES
OF A RELUCTANT MESSIAH

Après la publication de *Jonathan le Goéland*, on me demanda maintes fois : « Qu'est-ce que tu vas écrire, Richard? Après *Jonathan*, quoi? »

Je répondis que je n'avais pas un mot de plus à écrire, que l'ensemble de mes livres exprimaient tout ce que je leur avais demandé d'exprimer. Après avoir mangé de la vache enragée, après avoir eu sa voiture saisie et des tas d'ennuis du même genre, c'était plutôt agréable de ne pas avoir à travailler tous les jours jusqu'à minuit.

Pourtant, chaque été ou presque, je sortais mon vieux biplane sur les océans verdoyants du Middle West et je prenais des clients à trois dollars la balade. Je ne tardai pas à ressentir la même pulsion qu'autrefois : il restait quelque chose à dire, et je ne l'avais pas dit.

Je n'aime pas du tout écrire. Quand je peux tourner le dos à une idée, là, dans le noir, quand je peux éviter de lui ouvrir la porte, je ne touche même pas à un crayon.

Mais de temps en temps il se produit comme une explosion de dynamite dans la façade, avec plein de verre brisé, de briques et de gravois, et quelqu'un s'avance au-dessus des décombres, me prend à la gorge et me dit doucement : « Je ne te lâcherai pas tant que tu ne m'auras pas mis en mots, sur du papier. » C'est comme ça que j'ai rencontré *Le Messie récalcitrant*.

Là-bas dans le Middle West, allongé sur le dos, je m'essayais à faire évaporer les nuages, et je ne pouvais m'empêcher de penser : et s'il arrivait quelqu'un qui sache vraiment faire évaporer les nuages? Qui puisse m'apprendre comment fonctionne mon monde, et comment le maîtriser?... Si un Siddharta (ou un Jésus) venait dans notre temps, doté d'un pouvoir sur les illusions du monde, parce que connaissant la réalité derrière les apparences?... Et si je le rencontrais, en personne, s'il volait dans un biplane, et se posait sur la même prairie que moi?... Que dirait-il? De quoi aurait-il l'air?

Peut-être ne ressemblerait-il pas au messie qui se trouve sur les pages, tachées d'huile et de verdure, de mon journal de bord. Peut-être ne dirait-il rien de ce que dit ce livre. Mais d'un autre côté, les choses que celui-ci m'a apprises – le fait que nous aimantons dans nos vies tout ce que contient notre pensée, par exemple –, si elles sont vraies, alors je ne me serais pas donné tout ce mal pour rien, et vous non plus. Le fait que vous teniez ce livre entre vos mains n'est peut-être pas une coïncidence; peut-être y a-t-il dans ces aventures quelque chose dont vous avez besoin de vous souvenir. Je veux le croire. Et je veux croire que mon messie est perché loin d'ici, dans une autre dimension – et pas imaginaire du tout – en train de nous observer, vous et moi, et riant à l'idée que tout arrive exactement comme nous l'avions décidé.

Richard BACH.

1

1. Il y eut un Maître venu sur la Terre, né dans le pays sacré d'Indiana, élevé dans les montagnes mystiques, à l'est de Fort Wayne.

2. Le Maître apprit de ce monde dans les écoles publiques d'Indiana puis, lorsqu'il

grandit, dans son métier de mécanicien d'automobiles.

3. Mais le Maître reçut des enseignements venant d'autres pays et d'autres écoles, venant d'autres vies qu'il avait vécues. Il se les rappelait, et, se rappelant, il devint sage et fort si bien que d'autres virent sa force et vinrent à lui pour des conseils.

4. Le Maître crut qu'il avait pouvoir de s'aider et d'aider toute l'humanité; et comme il avait foi, pour lui il en fut ainsi, si bien que d'autres virent sa force et vinrent à lui

pour être guéris de leurs soucis et de leurs nombreuses maladies.

5. Le Maître crut que c'était bon pour tout homme de se penser soi-même fils de Dieu, et comme il avait foi, il en fut ainsi; et les magasins et les garages où il travaillait se remplirent et se comblèrent de ceux qui recherchaient son enseignement et son contact; et les rues à l'entour débordèrent de tous ceux qui désiraient seulement que son ombre en passant puisse tomber sur eux et changer leurs vies.

6. Et il advint, en raison des foules, que plusieurs contremaîtres et directeurs invitèrent le Maître à laisser ses outils et à passer son chemin, car il était serré de si près que ni lui ni aucun autre mécanicien n'avait de place pour travailler sur les automobiles.

7. C'est ainsi qu'il s'en fut dans la campagne, et les gens le suivirent, commençant à l'appeler Messie et faiseur de miracles; et, comme ils avaient foi, il en fut ainsi.

8. Si un orage survenait tandis qu'il parlait, pas une seule goutte d'eau ne tombait sur la tête de l'assistance; le dernier dans la foule entendait ses paroles aussi clairement que le premier, quels que fussent l'éclair et le tonnerre à l'entour dans le ciel. Et toujours il s'adressait à eux en paraboles.

9. Et il leur dit: "Au sein de chacun de nous se trouve le pouvoir de consentir à la santé et à la maladie, à la richesse et à la pauvreté, à la liberté et à l'esclavage. C'est nous qui maîtrisons cela et nul autre."

10. Un ouvrier prit la parole et dit : " Facile à dire pour Toi, Maître, car tu es guidé et nous ne le sommes point et tu n'as pas besoin de faire effort comme nous faisons effort. Un homme doit travailler pour vivre dans ce monde-ci."

11. Le Maître répondit : " Il y avait jadis, dans un village sur le fond d'un grand fleuve de cristal, des créatures.

12. " Le courant de ce fleuve glissait au-dessus de tous - jeunes et vieux, riches et pauvres, bons et méchants -, et le courant allait son propre chemin, ne

connaissant que sa propre nature de cristal.

13. "Chaque créature, à sa manière, s'accrochait étroitement aux branches et aux rochers du fond du fleuve, car s'accrocher était leur mode de vie, et résister au courant, Tout ce que chacun d'eux avait appris depuis sa naissance.

14. "Mais une créature dit à la fin: "Je suis las de m'accrocher. Bien que je ne puisse pas le voir de mes yeux, je crois que le courant sait où il va. Je lâcherai et me laisserai entraîner où

il veut. A rester accroché, je mourrai d'ennui."

15. "Les autres créatures éclatèrent de rire et dirent : Idiot ! Lâche donc, et ce courant que tu vénères te jettera, ballotté et meurtri, contre les rochers ; tu en mourras, et plus vite que d'ennui.

16. "Mais l'autre ne tint pas compte de ces quolibets, et retenant son souffle il lâcha et fut aussitôt ballotté et meurtri par le courant contre les rochers.

17. "Or bientôt, comme il refusait de s'accrocher de nouveau, le

courant le souleva et le libéra du fond, et il ne fut plus bousculé ni blessé.

18. "Et les créatures vivant en aval, pour lesquelles il était un étranger, se mirent à crier : Voici un miracle ! Une créature comme nous-mêmes, et pourtant elle vole ! Voici le Messie venu pour nous sauver tous !

19. "Et celui que le courant portait dit : Je ne suis pas plus Messie que vous. Le fleuve se plaît à nous soulever et à nous libérer, si seulement nous osons lâcher. Notre véritable tâche c'est ce voyage, cette aventure.

20. "Mais les autres criaient de plus belle : Sauveur ! Sauveur ! tout en s'accrochant aux rochers, et lorsqu'ils levaient la tête une deuxième fois, celui que le courant portait s'en était allé ; alors, restés seuls, ils fabriquaient des légendes à propos d'un Sauveur."

21. Or il advint ceci. Il vit que la multitude s'amassait autour de lui chaque jour davantage, plus serrée, plus proche et plus féroce que jamais ; il vit qu'ils le pressaient sans relâche de les guérir, et de les nourrir sans cesse par des miracles ; alors, pour apprendre pour eux et pour vivre leurs vies, il partit seul ce jour-là sur le sommet d'une montagne

écartée, et là il se mit à prier.

22. Et il dit en son cœur :
Etre Radieux Infini, si telle
est Ta volonté, éloigne de moi cette
coupe, tiens-moi à l'écart de
cette tâche impossible. Je ne peux
pas vivre la vie d'une seule autre
âme, et voici que dix mille im-
plorent de moi la vie. Je regrette d'
avoir permis à tout cela d'advenir.
Si telle est Ta volonté, laisse-moi
retourner à mes moteurs et à mes
outils, et permets-moi de vivre
comme les autres hommes.

23. Et une voix lui parla sur le som-
met de la montagne, une voix ni

mâle ni femelle, ni forte ni faible, une voix infiniment douce. Cette voix lui dit : "Ta volonté soit faite, non la mienne. Car ce qui est ta volonté, est Ma volonté pour toi. Va ton chemin comme les autres hommes, et sois heureux sur la Terre."

24. Et le Maître entendit cela et s'en réjouit ; il rendit grâces, puis redescendit du sommet de la montagne en fredonnant une petite chanson de mécanicien. Et lorsque la foule le pressa de ses doléances, l'implorant de guérir pour elle, d'apprendre pour elle, de la nourrir

sans cesse de son savoir et de la distraire avec ses merveilles, il sourit à la multitude et il lui dit plaisamment : "J'abandonne".

25. Pendant un instant la multitude demeura sans voix, frappée de stupeur.

26. Et il lui dit : "Si un homme disait à Dieu qu'il désire plus que tout aider le monde souffrant, quel qu'en soit le prix pour lui-même, et si Dieu répondait et lui disait ce qu'il doit faire, cet homme devrait-il faire ce qui lui a été dit ?"

27. "Bien sûr Maître ! cria la foule. Ce devrait être un plaisir pour lui de souffrir toutes les tortures de l'enfer même, Dieu l'ayant demandé."

28. "Quelles que soient ces tortures ? Quelle que soit la difficulté de la tâche ?"

29. "Quel honneur d'être pendu ! Quelle gloire d'être cloué à un arbre et brûlé si c'est là ce que Dieu a demandé", dirent-ils.

30. "Et que feriez-vous, dit le Maître à la multitude si Dieu vous parlait droit dans les yeux et disait :

JE VOUS COMMANDE D'ÊTRE HEUREUX DANS LE MONDE AUSSI LONGTEMPS QUE VOUS VIVREZ, que feriez-vous dans ce cas?"

31. Et la multitude demeura silencieuse; pas une voix, pas un son ne s'éleva des pentes des collines, par-dessus les vallées où elle se tenait.

32. Et le Maître dit au silence: "C'est en suivant le chemin de notre bonheur que nous recevons l'enseignement pour lequel nous avons choisi cette vie. Voilà ce que j'ai appris en ce jour, et j'ai choisi de vous laisser main-

tenant, pour que vous marchiez sur votre propre voie, selon ce qu'il vous plaira."

33. Et il alla son chemin à travers les foules et les quitta, puis il retourna au monde quotidien des hommes et des machines.

2

Ce fut vers le milieu de l'été que je rencontrai Donald Shimoda. Depuis quatre ans que je volais, je n'avais jamais rencontré un seul pilote travaillant dans ma partie : je volais de ville en ville, un peu au gré du vent, en vendant des balades dans mon vieux biplane, à trois dollars les dix minutes.

Mais un jour, juste au nord de Ferris, Illinois, en jetant un coup d'œil à travers le cockpit de mon zinc, j'aperçus un de ces anciens Travel Air 4000, blanc et or, posé sur le gazon émeraude, joli comme un cœur.

Je mène une vie libre, mais parfois, bien sûr, on se sent un peu seul. Je regardai le biplane au-dessous de moi, et après deux secondes de réflexion je décidai de me poser aussi : ça ne ferait de mal à personne. Les gaz coupés, les gouvernes tirées à mort, le zinc se mit à tomber de côté vers le sol. Du vent dans les haubans, un bruit qui fait plaisir, avec le *ploc-ploc* au ralenti du vieux moteur laissant souffler un peu son hélice paresseuse. Les lunettes sur le nez pour mieux surveiller l'atterrissage. Le maïs comme une jungle de verdure bruissant au ras des ailes, une clôture qui passe en un éclair et puis du foin tout frais coupé à perte de vue. Je reprends le manche et les gouvernes, un petit tour au-dessus du champ, le foin qui brosse mes pneus, et puis le grattement familier du patin arrière sur le sol dur, doucement, doucement, et un grand coup d'accélérateur enfin pour aller me ranger à côté de l'autre appareil. Point fixe. Gaz coupés. Allumage coupé. Le *flap-flap* paisible de l'hélice ralentit puis s'arrête : le silence de juillet redevient absolu.

Le pilote du Travel Air était assis dans le foin, adossé à la roue gauche de son appareil. Et il me regardait.

Pendant une demi-minute je le regardai aussi, et son calme me parut un mystère. Je ne serais sûrement pas resté assis comme ça, moi, si un autre avion était venu atterrir dans un champ près de moi, et se ranger à dix mètres! Ce type-là me plut, sans que je sache pourquoi.

– Vous aviez l'air seul, lui dis-je de loin.

– Vous aussi.

– Je ne veux pas m'imposer. Si je suis de trop, je peux...

– Non. Je vous attendais.

Cela me fit sourire.

– Navré d'être en retard.

– C'est parfait.

J'enlevai mon casque et mes lunettes, enjambai le cockpit et sautai à terre. Ça fait du bien quand on a passé plusieurs heures aux commandes.

– Du jambon et du fromage, ça ira? dit-il. Du jambon, du fromage et peut-être une fourmi ou deux?

Pas de poignées de main. Pas de présentations.

Il n'était pas très grand. Les cheveux lui tombaient sur les épaules, plus noirs que le pneu contre lequel il s'appuyait. Les yeux? Noirs comme ceux d'un faucon. Le genre que j'aime chez un ami, et qui me met vraiment mal à l'aise chez tout autre. On aurait dit un maître de karaté, prêt à l'attaque, serein et violent à la fois.

J'acceptai le sandwich et le gobelet d'eau de la Thermos.

– Qui êtes-vous donc? dis-je. Ça fait des années que je prends des clients en balade, mais je n'ai jamais vu un autre saltimbanque dans mon genre sur les pistes.

– Je ne sais pas faire grand-chose d'autre, répondit-il d'un ton enjoué. Un brin de mécanique, un peu de soudure autogène, forte tête sur les bords. J'ai réparé des bulls aussi. Mais quand je reste trop longtemps dans un coin, il m'arrive des histoires. Alors je me suis mis à l'avion, et je fais le saltimbanque, comme tu dis.

– Quel genre de bulls?

J'étais un mordu des Diesel depuis tout gosse.

– D-8 et D-9. Pendant un bout de temps en Ohio.

– D-9! C'est gros comme une maison! Avec double boîte démultipliée. C'est vrai que ça peut repousser une montagne?

– Il y a de meilleurs moyens de déplacer les montagnes.

Son sourire dura peut-être un dixième de seconde.

Je me penchai pendant un instant contre l'aile de son appareil et je l'observai. Un effet de lumière? On avait du mal à regarder ce type de près. Il y avait comme de la lumière autour de sa tête, oui, une sorte de lueur argentée, pâle et vaporeuse, qui estompait le fond tout autour de lui.

– Ça ne va pas? me demanda-t-il.

– Tu as eu quel genre d'histoires?

– Oh! rien de grave. J'ai seulement envie de bouger un peu ces temps-ci, comme toi.

Je pris mon sandwich et je fis le tour de son avion. C'était un appareil datant de 1928 ou 1929, mais il était impeccable. Même au sortir de l'usine aucun avion n'aurait pu être aussi neuf que celui-là, au milieu du foin. Sur la carcasse de bois, au moins vingt couches d'enduit poncées à la main; la peinture brillante comme un miroir. Sur le rebord du cockpit, *Don*, en caractères penchés, dorés à la feuille; et sur la plaque accrochée au porte-cartes on pouvait lire : *D. W. Shimoda*. Les instruments de navigation étaient flambant neufs – de vrais instruments de 1928. Le manche à balai et les gouvernes : du chêne verni; les gaz, le mélange, et, à gauche, l'avance à l'allumage. On ne voit plus jamais d'avance à l'allumage, même sur les pièces de musée les mieux restaurées. Pas une éraflure, pas la moindre pièce sur l'entoilage, pas une goutte d'huile tombant du capot. Pas un brin de paille sur le plancher de la cabine, comme si l'appareil n'avait jamais volé mais s'était matérialisé à cet endroit-là, à la faveur d'une courbure du temps qui aurait escamoté environ un demi-siècle. Je commençai à avoir froid dans le dos.

– Il y a longtemps que tu prends des clients en balade? lui demandai-je, de l'autre côté de l'appareil.

– A peu près un mois; ça va faire cinq semaines.

Il mentait. Cinq semaines sur les terrains et qui que vous soyez, vous récolterez de la poussière et de l'huile sur votre avion, et de toute façon de la paille sur le plancher de la cabine. Mais sur cet appareil... pas d'huile sur le pare-brise, pas de brins d'herbe coincés sur le rebord des ailes et de la queue, pas d'insectes écrasés sur l'hélice. Pour un avion volant en Illinois en été, c'est absolument impossible. J'examinai encore le Travel Air pendant cinq minutes puis je retournai m'asseoir dans le foin, sous l'aile, en face du pilote. Je n'avais pas peur, le gars me plaisait toujours, mais quelque chose clochait.

– Pourquoi tu ne me dis pas la vérité?

– Je t'ai dit la vérité, Richard, me répondit-il. Mon nom est également peint sur mon appareil.

– Personne ne peut prendre des passagers dans un Travel Air pendant un mois sans ramasser un peu d'huile sur sa bécane, mon vieux, ou un peu de poussière, non? Et sans poser quelques pièces à l'entoilage? Et du foin, nom de Dieu, sur le plancher!

Il me sourit, très calme.

– Il y a des choses que tu ignores.

Il avait vraiment l'air de tomber d'une autre planète. Je crus ce qu'il me disait, mais je ne pouvais pas m'expliquer la présence sur ce pré baigné de soleil de cet appareil qui semblait sortir d'un écrin.

– C'est vrai, il y a des choses que j'ignore. Mais je les connaîtrai un jour. Et alors, tu pourras prendre mon avion, Donald, parce que je n'aurai plus besoin de voler.

Il me regarda, intéressé, et ses sourcils noirs se soulevèrent.

– Oui? Raconte un peu.

J'étais ravi. Enfin quelqu'un qui avait envie d'écouter ma théorie!

– Les gens n'ont pas pu voler pendant longtemps. A mon avis, c'est parce qu'ils pensaient que c'était impossible. Alors, bien sûr, ils ne cherchaient même pas le premier principe de l'aérodynamique. Moi, je veux croire qu'il y a quelque part un autre principe : on n'a pas besoin d'avions pour voler, ou pour traverser les murs, ou pour aller sur les planètes. On peut apprendre comment faire tout ça, sans tout un tas de mécaniques. Si on le veut.

Il sourit vaguement, l'air de prendre l'idée au sérieux, et il hocha la tête.

– Et tu crois que tu vas trouver ce que tu cherches en faisant le saltimbanque à trois dollars la balade dans les champs de luzerne?

– Dans ce que j'ai déjà appris, tout ce qui a compté, je l'ai découvert par moi-même, en faisant à mon idée. Il n'y a pas un être sur terre qui puisse m'enseigner ce que je veux connaître mieux que mon zinc et le ciel; mais s'il y en avait un, tu peux être sûr que j'irais tout de suite le trouver. Ou la trouver.

Les yeux noirs me fixèrent pendant un bon moment.

– Si tu veux vraiment apprendre cette chose, tu ne crois pas que tu es guidé?

– Bien sûr, je suis guidé. Tout le monde l'est, non? J'ai toujours senti quelque chose, comme si on veillait sur moi, pour ainsi dire.

– Et tu penses que tu seras conduit à un maître qui peut t'aider?

– Oui, si le maître n'est pas moi.

– C'est peut-être bien ça, dit-il.

Une de ces camionnettes modernes, dans le genre fourgon coupé, descendit la route jusqu'à nous en soulevant un nuage de fine poussière brune. Elle s'arrêta au bord du champ. La portière s'ouvrit et il en sortit un vieil homme et une fillette d'environ dix ans. L'air était si calme que la poussière demeurait en suspens.

– On pourrait faire un tour? dit l'homme, en montrant les avions. En payant, bien sûr.

C'était Don Shimoda qui avait eu l'idée de se poser sur ce champ; je lui laissai la parole.

– Oui, m'sieur, répondit-il d'un ton léger. Envie de voler ce matin, pas vrai?

– Si j'y vais, je veux pas de micmac, hein? Pas de cabrioles avec moi là-haut.

Il plissait les yeux, pour s'assurer que nous le comprenions bien, malgré son parler paysan.

– C'est le client qui décide.

– Et vous allez me demander le paquet, je suppose?

– Trois dollars comptant, m'sieur, pour dix minutes de vol dans les airs. Ça fait trente-trois cents et un tiers par minute. Et ça les vaut, tout le monde vous le dira.

Cela me faisait tout drôle d'être assis là, comme ça, à écouter la façon dont ce type vendait sa camelote. J'aimais bien sa manière de parler, tout en douceur. J'étais tellement habitué à ma façon de procéder (*Il fait dix degrés de moins là-haut, les gars! Fraîcheur garantie. Vous allez enfin voler dans le pays des oiseaux et des anges! Et tout ça pour trois dollars seulement, douze malheureuses piécettes de vingt-cinq cents qui traînent dans votre poche ou dans votre porte-monnaie...*) que j'avais oublié qu'il puisse y en avoir une autre.

Lorsqu'on fait ce métier seul, on est toujours un peu tendu devant le client. On s'habitue, bien sûr, mais le fait est là : si je n'ai pas de clients à balader, aucune chance de passer à table. Pour une fois que je pouvais m'asseoir à l'écart, sans que mon dîner soit en jeu, je pouvais me détendre un peu et suivre les choses de loin.

La fillette suivait les choses de loin, elle aussi. Blonde, les yeux noirs, pas souriante du tout. Elle était là parce que le pépé était venu. Mais elle n'avait pas envie de voler.

La plupart du temps c'est l'inverse : des gosses

tout excités et des vieux plutôt réticents, mais on apprend vite à sentir ces choses-là lorsque tout son bien-être en dépend, et j'aurais juré que cette gamine ne mettrait pas le pied dans nos zincs même si nous passions tout l'été à la supplier.

– Lequel d'entre vous, messieurs?... dit l'homme.

Shimoda se versa à boire.

– Richard va vous emmener, je n'ai pas fini de manger. À moins que vous ne préfériez attendre...

– Non, non, m'sieur. Je suis prêt. On pourra passer au-dessus de ma ferme?

– Bien sûr, répondis-je. Dites-moi dans quelle direction vous voulez aller, c'est tout.

J'enlevai du siège avant mon sac de couchage, ma trousse à outils et ma batterie de cuisine. J'aidai le type à s'asseoir et lui bouclai sa ceinture. Puis je me glissai sur le siège arrière et j'attachai ma ceinture à mon tour.

– Un petit coup d'hélice, Don?

– Ouais.

Il s'avança devant l'appareil, son gobelet d'eau à la main.

– Quand tu veux.

– Magnéto. Admission. Vas-y doucement, ça va te l'arracher des mains.

Quand les gens lancent l'hélice de mon zinc, ils le font toujours trop brusquement et le moteur ne démarre pas, c'est assez compliqué de comprendre pourquoi. Mais ce gars manœuvra comme s'il n'avait fait que ça toute sa vie. La magnéto enclencha aussitôt, les étincelles jaillirent dans les cylindres et le vieux moulin se mit à tourner, comme une fleur. Shimoda revint vers son appareil, se rassit et se mit à parler à la fillette.

Au milieu d'un nuage de foin, toute puissance dehors, mon zinc se cabrait dans les airs. Cent pieds (si le moteur nous lâche maintenant on atterrit dans le maïs), cinq cents pieds (maintenant on a le temps de retourner se poser dans la luzerne... Maintenant, ce sera dans le pré à vaches, vers l'ouest), huit cents pieds et palier. Le doigt du type, tendu dans le vent, me montre quelque chose, azimut sud-ouest.

Trois minutes plus tard, nous tournions au-dessus de la ferme : des granges couleur de charbons ardents, et une maison d'ivoire au milieu d'un océan de menthe. Derrière, un jardin potager : du maïs sucré, des laitues, des tomates.

Le type du siège avant ne quittait pas des yeux les bâtiments qui venaient se cadrer entre les deux ailes, à travers les haubans de l'appareil.

Une femme apparut devant la porte, petit tablier blanc sur une robe bleue. Elle fit signe de la main, et le type lui répondit. Plus tard, ils parleraient longtemps de la netteté avec laquelle ils avaient pu se voir à travers le ciel.

Il se retourna finalement vers moi et d'un mouvement de tête il me fit comprendre que ça suffisait, merci, et qu'on pouvait faire demi-tour.

Je fis un large cercle au-dessus de Ferris, pour bien faire comprendre aux gens qu'ils pouvaient se payer une balade dans le ciel. Ensuite, je descendis en spirale au-dessus du champ de luzerne pour leur indiquer où ça se passait. Au moment où je me préparais à atterrir après avoir viré sec au-dessus du maïs, je vis le Travel Air qui décollait et partait aussitôt en direction de la ferme que nous venions de quitter.

Dans le temps, j'avais fait partie d'un groupe de cinq appareils; et je ressentis soudain la même impression d'activité : un avion qui décollait avec son client juste au moment où un autre atterrissait. Je me posai doucement, presque sans bruit, et je roulai jusqu'au bout du champ, près de la route.

Une fois le moteur arrêté, l'homme détacha sa ceinture de sécurité et je l'aidai à sortir de la cabine. Il prit son portefeuille dans son bleu de travail et il compta les billets en secouant la tête.

– Ça, c'était de la balade, mon gars.

– Je crois bien, répondis-je. On ne vend pas de la salade.

– C'est votre copain qui sait vendre sa salade!

– Comment?

– Je veux dire : votre copain vendrait de la farine à un meunier, je parie. Pas vrai?

– Qu'est-ce qui vous fait dire ça?

– La petite. Vendre une balade en avion à Sarah, c'est pas ordinaire.

Tout en parlant, il regardait le Travel Air au loin, poussière d'argent sur le ciel, tournoyant au-dessus de la ferme. Il avait le ton d'un homme calme, qui constaterait que la branche morte de son jardin vient de fleurir soudain ou porte des pommes mûres.

– Depuis qu'elle est née, cette petite, l'idée de se trouver en hauteur, ça la rend folle à crever. Elle hurle. La trouille, quoi. Elle aimerait mieux fourrer ses mains nues dans un nid de frelons plutôt que de grimper à un arbre. Vous ne la feriez pas monter à l'échelle du grenier, ça non, même si le Déluge arrivait dans la cour. Elle est extraordinaire avec les mécaniques, pas si mal avec les bêtes, mais la hauteur, c'est son point noir. Et la voilà là-haut dans le ciel!

Il continua à me parler de tout ça, et du temps où les acrobates de l'air venaient souvent du côté de Galesburg, ça ne datait pas d'hier, et de Monmouth; ils avaient des biplanes comme les nôtres, mais ils faisaient tout un tas de pirouettes et de folies avec.

Le Travel Air se rapprocha bientôt et descendit en spirale au-dessus du champ, virant sur l'aile comme jamais je n'aurais osé le faire avec une fillette terrorisée par le vide. Il glissa au-dessus du maïs, dépassa la clôture et se posa impeccablement sur le foin : un spectacle étonnant. Il fallait que Don Shimoda ait pas mal d'heures de vol derrière lui pour poser un Travel Air de cette façon-là.

L'appareil vint se ranger près de nous, d'un seul élan, sans qu'il eût besoin de redonner les gaz. L'hélice s'arrêta doucement. Je m'approchai. Pas un seul insecte sur les pales! Pas la moindre mouche broyée par cette lame de deux mètres!

Je montai aider la gamine à décrocher sa ceinture, j'ouvris la petite portière avant de la cabine et lui montrai où il fallait poser les pieds pour ne pas passer à travers l'entoilage des ailes.

– Alors, ça t'a plu? lui demandai-je.

Mais elle ne s'aperçut même pas que je parlais.

– Pépé, j'ai pas peur! J'ai pas eu peur, je te jure! La maison, en bas, on aurait dit un jouet et maman m'a fait signe, et Don m'a dit que si j'avais peur c'était juste parce que, dans le temps, j'étais morte en tombant, mais qu'il ne fallait plus que j'aie peur! Je vais être pilote, pépé. Je vais avoir un avion, et je m'occuperai du moteur moi-même, je volerai partout et je prendrai des clients en balade! Je peux, hein?

Shimoda sourit au bonhomme et haussa les épaules.

– Il t'a dit que tu allais être pilote?

– Non, mais c'est d'accord. Je me défends bien avec les moteurs, tu sais.

– On en parlera à ta mère, si tu veux. Il faut rentrer maintenant.

Après une poignée de main ils repartirent vers la camionnette, l'un marchant, l'autre courant : transformés tous les deux par ce qui s'était passé dans ce champ et dans le ciel.

Deux voitures arrivèrent, puis une troisième. Il y eut un moment d'affluence vers midi, tout le monde voulait voir Ferris d'en haut. Nous fîmes douze ou treize clients à la suite, le plus vite possible, et je fis un tour jusqu'à la station d'essence pour refaire le plein de mon zinc. Encore quelques clients, quelques autres, et ce fut le soir; les vols se succédèrent sans interruption jusqu'au coucher du soleil.

Sur le panneau indicateur, j'avais vu *Population : 200*. A la nuit je crois bien que nous les avions tous fait voler, sans compter les étrangers au village.

Dans la précipitation du travail, j'avais oublié de parler de Sarah à Don, de lui demander ce qu'il lui avait dit à propos de sa mort précédente – s'il avait inventé cette histoire de toutes pièces, ou bien s'il y croyait vraiment. Plusieurs fois j'avais regardé son avion de près pendant que les clients s'installaient. Pas une égratignure, pas une goutte d'huile, et apparemment il parvenait à éviter tous les insectes – alors qu'il me fallait nettoyer mon pare-brise toutes les heures ou toutes les deux heures.

Il faisait presque noir lorsque nous nous arrêtâmes. Je mis quelques tiges de maïs bien sèches dans mon réchaud, des briques de tourbe par-dessus, et j'allumai le feu. La nuit tomba soudain; les flammes éclairaient de couleurs étranges les deux appareils rangés côte à côte et le foin doré qui nous entourait.

Je jetai un œil dans la boîte à provisions.

– De la soupe, du ragoût ou des raviolis, dis-je. Des poires ou des pêches. Tu veux des pêches chaudes?

– Ça m'est égal, répondit-il d'une voix douce. N'importe quoi ou rien du tout.

– Tu n'as pas faim? Ç'a été une rude journée, non?

– Tu ne m'as rien offert qui me donne faim, sauf le ragoût, s'il est bon.

J'ouvris la boîte de ragoût avec mon couteau miracle, fis de même avec les raviolis et plaçai les deux boîtes au-dessus du feu.

Mes poches étaient pleines de fric... C'était pour moi l'un des meilleurs moments de la journée. Je sortis les billets et me mis à compter, sans me soucier de les déplier. Cent quarante-sept dollars. J'essayai de calculer de tête, ce qui n'est pas facile pour un gars comme moi.

– Ça fait... Ça fait... Voyons... Je pose quatre et il reste deux... quarante-neuf vols aujourd'hui! Je me suis fait cent dollars net, Don, moi et mon zinc! Tu dois en avoir fait deux cents facile, tu emmenais presque toujours deux clients à la fois, pas vrai?

– Presque toujours, dit-il. A propos de ce maître que tu cherches...

– Je ne cherche pas de maître, vieux, répondis-je, je compte du *pognon*! Je peux tenir une *semaine* avec ça, tu piges? J'ai les pieds au chaud pour toute une semaine!

Il me regarda et sourit.

– Quand tu en auras marre de te vautrer dans ton pognon, dit-il, tu pourras me passer mon ragoût?

3

Des foules, des masses, des hordes de gens, des torrents d'humanité se déversant sur un seul homme au milieu d'eux. Puis les gens devinrent un océan submergeant l'homme, mais au lieu de sombrer, l'homme se mit à marcher sur l'océan en sifflotant, puis il disparut. L'océan d'eau se changea en océan d'herbe. Un Travel Air 4000 blanc et or descendit se poser sur l'herbe, et le pilote, sortant de la cabine, étendit une banderole où l'on pouvait lire : *Balades dans le ciel : 3 dollars.*

Il était trois heures du matin lorsque je m'éveillai de ce rêve, me souvenant de tout, et satisfait de me souvenir sans savoir pourquoi. J'ouvris les yeux pour vérifier au clair de lune la présence du Travel Air à côté de mon zinc. Shimoda était assis sur son duvet, exactement comme je l'avais vu la première fois, le dos appuyé contre la roue gauche de son appareil. Je ne le voyais pas vraiment, mais je savais qu'il était là.

– Alors, Richard, dit-il tranquillement dans le noir. Est-ce que ça t'a expliqué ce qui se passe?

– Qu'est-ce qui m'a expliqué quoi? demandai-je, surpris.

Je me souvenais très bien, et je ne songeai même pas à m'étonner de le trouver éveillé.

– Ton rêve. Le type tout seul, les foules et l'avion, répondit-il patiemment. Tu voulais en savoir davantage à mon sujet, non? Eh bien, tu sais maintenant. On en a parlé dans les journaux : Donald Shimoda, celui qu'on commençait à appeler le Messie mécanicien, l'Avatar des Amériques, et qui a disparu un jour en présence de vingt-cinq mille témoins oculaires.

Je m'en souvenais, oui. J'avais lu ça sur un kiosque à journaux dans une petite ville de l'Ohio, c'était en première page.

– Donald Shimoda?

– A votre service! dit-il. Maintenant que tu es au courant, plus besoin de me tirer les vers du nez. Tu peux te rendormir.

Mais je restai longtemps songeur, avant de pouvoir trouver le sommeil.

– Est-ce que tu avais le droit?... Je ne pense pas... Quand on a un boulot comme ça – le Messie, je veux dire –, on est censé sauver le monde, non? Je ne savais pas que le Messie pouvait mettre la clé sous la porte comme ça, et tout laisser tomber.

J'étais assis sur le capot de mon zinc et je me tournai vers mon étrange ami.

– Passe-moi une clé de quatorze, Don, je te prie.

Il fouilla dans le sac à outils et me lança la clé à pipe. Elle ralentit et s'immobilisa à trente centimètres de moi, flottant sans poids, se balançant mollement dans les airs – comme avaient fait tous les outils qu'il m'avait lancés ce matin-là. Mais au moment où je la touchai, elle reprit son poids dans ma main, comme n'importe quelle clé à pipe ordinaire, au chrome-vanadium. Enfin, pas une clé vraiment ordinaire : depuis qu'une clé bon marché s'est cassée dans mes mains, j'ai toujours acheté des outils de première qualité... Celle-là était de bonne marque, une Snap-On – tous les mécaniciens vous diront que ce n'est pas une clé ordinaire, elle pourrait être en or, vu le prix qu'elle coûte; mais c'est un vrai plaisir de travailler avec, et on est sûr qu'elle ne cassera jamais, quoi qu'on fasse.

– Pourquoi ne pourrait-on pas laisser tomber? On peut s'arrêter de faire n'importe quoi, si on change d'idée. On peut s'arrêter de respirer si on en a envie.

Il fit flotter un tournevis Phillips, juste pour son plaisir.

– J'étais le Messie, j'ai laissé tomber, voilà tout. Si j'ai l'air d'être dans l'expectative, c'est peut-être parce que je suis encore un peu sur la défensive. Ça vaut tout de même mieux que de continuer à faire un boulot qu'on déteste. Un bon messie ne déteste rien, et il est libre de prendre le chemin qu'il désire. Et, bien sûr, c'est vrai pour tout le monde. On est tous les fils de Dieu ou les enfants de l'Etre, ou les idées de l'Esprit, appelle ça comme tu veux, ça revient au même.

J'étais en train de resserrer les boulons de culasse du moteur. Une bonne vieille mécanique, mais ses écrous ont tendance à commencer de se desserrer toutes les cent heures de vol environ, et il vaut mieux prendre les devants. Le premier sur lequel je posai la clé fit un bon quart de tour, et j'étais satisfait de pouvoir les vérifier tous ce matin-là, avant de prendre des clients.

– D'accord, Don, d'accord, mais tu ne crois pas que le boulot de messie est un peu différent des autres boulots? Tu vois Jésus faire machine arrière et se remettre à planter des clous dans des planches pour gagner sa vie? Ça paraît bizarre, non?

Il réfléchit, essayant de suivre mon idée.

– Je ne vois pas où tu veux en venir. En fait, ce qui est bizarre, c'est que Jésus n'ait pas laissé tout tomber la première fois qu'on l'a appelé Sauveur. Au lieu d'abandonner en apprenant cette mauvaise nouvelle, il a essayé la logique : « D'accord, je suis le fils de Dieu, mais nous le sommes tous; d'accord, je suis le sauveur, mais vous aussi! Tout ce que je fais, vous pouvez le faire. » N'importe qui comprend ça s'il est dans son bon sens.

Il faisait chaud sur le capot, mais je n'avais pas l'impression de travailler. Plus j'ai envie que quelque chose soit fait, et moins j'appelle ça du travail. J'étais assez content de moi, d'être là en train d'empêcher la culasse de s'envoler du moteur.

– Dis-moi que tu veux une autre clé, me dit-il.

– Non, je ne veux pas d'autre clé. Et il se trouve qu'étant donné mon niveau d'élévation spirituelle, je considère tes trucs comme de simples jeux de société, Shimoda, à peine dignes d'une âme moyennement évoluée. Ou peut-être d'un hypnotiseur débutant.

– Hypnotiseur! Tu brûles, mon gars, tu brûles! Mieux vaut encore être hypnotiseur que messie. Quel boulot idiot! Comment ne me suis-je pas rendu compte que ça deviendrait un boulot idiot?

– Mais tu t'en es rendu compte, dis-je sentencieusement.

Il éclata de rire.

– Il ne t'est jamais venu à l'esprit que tu allais

peut-être avoir du mal à laisser tomber, après tout? Et que tu n'allais pas pouvoir te réinstaller comme ça de but en blanc dans l'existence d'un être humain normal?

Il s'arrêta de rire et passa ses doigts dans ses cheveux noirs.

– Tu as raison, bien sûr. Si je reste dans un coin trop longtemps, plus d'un jour ou deux, les gens se rendent compte que je suis quelque chose d'étrange. Il suffit qu'un type se frotte à mes basques, et il guérit d'un cancer généralisé : tu peux être sûr qu'il y a foule autour de moi avant la fin de la semaine! Avec l'avion, je suis toujours en mouvement. Personne ne sait d'où je viens, personne ne sait où je vais, ça m'arrange.

– Tu vas passer plus de mauvais moments que tu ne le penses, Don.

– Tu crois?

– Oui. Notre temps bouge, Don. Du matériel vers le spirituel... Lentement, d'accord, mais c'est déjà un mouvement assez énorme. Je ne pense pas que le monde va te laisser dans ton coin.

– Ce n'est pas de moi qu'ils ont envie, c'est des miracles! Je peux les enseigner à quelqu'un d'autre; et qu'il soit le Messie, lui! Je ne lui dirai pas que c'est un boulot idiot. Et d'ailleurs, *il n'y a pas de problème assez énorme pour qu'on ne puisse pas le fuir.*

Je me laissai tomber du capot dans le foin et je commençai à bloquer les boulons des cylindres trois et quatre. Ils n'étaient pas tous desserrés, mais certains l'étaient.

– C'est de qui, au juste, ta citation? Félix le Chat ou Groucho Marx?

– Je cite la vérité, où que je la trouve, merci.

– Tu ne peux pas te défiler, Don! Et si je me mettais à te rendre un culte, là, maintenant? Et si j'en avais marre de travailler sur mon moteur et que je te fasse une prière pour que tu le répares pour moi? Ecoute, je te donnerai jusqu'au dernier sou de ce que je ferai jusqu'au coucher du soleil si tu m'apprends seulement comment flotter en l'air! Si tu ne le fais pas, alors je saurai que je suis censé commencer à te dire des prières, toi le Saint-Envoyé-pour-soulager-mes-Peines.

Il se borna à me sourire. Je ne crois pas qu'il ait vraiment compris qu'il ne pouvait pas se défiler. Comment pouvais-je en être sûr, alors qu'il en doutait?

– Est-ce que tu as eu droit à tout le spectacle, comme on voit dans les actualités tournées aux Indes? Les foules dans les rues, les millions de mains qui te touchent, les fleurs et l'encens, les estrades dorées avec des tapis d'argent sur lesquels tu te mets pour parler?

– Non. Même avant de demander le boulot, je savais que je ne supporterais pas ça. C'est pour ça que j'ai choisi les Etats-Unis. Mais j'ai quand même eu droit aux foules.

C'était pour lui un souvenir pénible, et je regrettai d'avoir remis tout ça sur le tapis.

Il s'assit dans le foin et continua de parler, les yeux fixés loin au-dessus de moi.

– Je voulais leur dire : pour l'amour de Dieu, si vous avez tellement envie de liberté et de joie, ne voyez-vous donc pas que tout cela n'est nulle part en dehors de vous-mêmes? Dites que vous l'avez et vous l'aurez. Agissez comme si vous l'aviez et ce sera à vous! Richard, qu'est-ce qu'il y a de si difficile dans tout ça? Mais ils ne m'écoutaient même pas, en tout cas la plupart. Des miracles! Ils venaient à moi pour voir des miracles – comme on va à une course d'autos pour voir des accidents. Au début on se sent brimé, brimé comme les pierres. Et après un certain temps, ça devient idiot. Je ne vois pas du tout comment les autres messies pouvaient le supporter.

– Vu sous cet angle, ça perd de son charme, dis-je.

Je resserrai le dernier boulon et rangeai les outils.

– Où va-t-on aujourd'hui? demandai-je.

Il s'avança jusqu'à ma cabine et, au lieu de nettoyer le pare-brise de tous les insectes collés, il passa la main dessus, et les petites bestioles écrasées revinrent à la vie et s'envolèrent. Son pare-brise, évidemment, n'avait jamais besoin d'être nettoyé, et j'étais sûr maintenant que son moteur n'aurait jamais besoin d'entretien.

– Je ne sais pas, répondit-il. Je ne sais pas où nous sommes conduits.

– Qu'est-ce que tu racontes? Tu connais le passé et l'avenir de toutes les choses. Tu sais exactement où on va...

Il soupira.

– Ouais. Mais j'essaie de ne pas y penser.

Pendant que je travaillais sur le moteur, je m'étais dit un moment : parfait, la seule chose qu'il me reste à faire, c'est de ne pas lâcher ce gars d'une semelle, et finis les problèmes, aucun malheur ne peut arriver, et tout sera pour le mieux. Mais à la façon dont il avait dit : « J'essaie de ne pas y penser », je me souvins de ce qui était arrivé aux autres messies envoyés dans ce monde. Le bon sens me criait de virer au sud après le décollage, et de partir aussi loin de ce gars que je pourrais. Mais comme je l'ai déjà dit, on se sent seul à faire ce métier, et j'étais assez content de l'avoir déniché, ne serait-ce que pour pouvoir parler avec quelqu'un qui sait distinguer un aileron d'un stabilisateur vertical.

J'aurais dû virer au sud, oui. Mais après le décollage, je restai à ses côtés, et nous nous envolâmes vers le nord et vers l'est, vers cet avenir auquel il essayait de ne pas penser.

4

– Où as-tu appris tout ça, Don? Tu connais tant de choses. Ou bien c'est seulement une impression. Non... Tu as vraiment appris beaucoup. Tout par la pratique? Tu n'as pas eu de formation théorique pour devenir un Maître?

– On te donne un bouquin à lire.

J'étais en train de mettre à sécher sur les haubans de mon zinc un foulard de soie que je venais de laver. Je le regardai, stupéfait.

– Un bouquin?

– Le *Manuel du Sauveur.* Une espèce de bible pour les Maîtres. J'en ai un exemplaire par là dans un coin, si ça t'intéresse.

– Et comment! Tu veux dire un vrai livre qui te dise...?

Il fourragea pendant un moment dans la soute à bagages, derrière l'appui-tête du Travel Air, et il revint avec un petit volume dont la reliure semblait être en agneau façon daim.

Guide du Messie

imprimé en lettres noires.

Aide-Mémoire pour Ame Evoluée

– Qu'est-ce que tu racontes avec ton *Manuel du Sauveur*? C'est écrit *Guide du Messie.*

– Je savais bien que c'était quelque chose dans le genre.

Il se mit à ramasser ses affaires autour de l'avion, comme s'il pensait que le moment était venu de partir.

Je feuilletai le livre, c'était un recueil de maximes, en paragraphes très courts.

Perspective

Utilise-la ou perds-la

Si tu t'arrêtes à cette page

tu es en train d'oublier que ce qui se
passe autour de toi n'est pas la réalité.

Réfléchis à cela.

Rappelle-toi d'où tu viens,

où tu vas, pourquoi tu as créé
le désordre où tu t'es mis pour commencer.

Tu vas mourir une mort horrible, souviens-t'en.
Tout est un bon exercice, et tu en auras
plus de joie si tu gardes ces faits
présents à l'esprit.

Prends ta mort au sérieux, toutefois.

Rire sur le chemin de son exécution
n'est pas compris en général par les formes-
-de-vie-moins-évoluées, et ils te
traiteront de fou.

– Tu as lu ça, Don, à propos de la perspective que l'on perd?

– Non.

– Il est dit qu'on doit mourir d'une mort horrible.

– Pas forcément. Ça dépend des circonstances, et de la façon dont on a envie d'arranger les choses.

– Tu vas mourir d'une mort horrible?

– Je ne sais pas. Ça n'aurait guère de sens, tu ne crois pas, maintenant que j'ai laissé tomber le boulot? Une petite ascension tranquille devrait bien suffire. Je me déciderai dans quelques semaines, quand j'aurai terminé ce pour quoi je suis ici.

Je crus qu'il plaisantait, comme à son habitude. Comment me douter à ce moment-là qu'il parlait sérieusement à propos des « quelques semaines »?

Je continuai à feuilleter le bouquin; c'était bien le genre de connaissances dont un Maître peut avoir besoin.

Apprendre
c'est découvrir
ce que tu sais déjà.

Faire, c'est démontrer que
tu le sais.

Enseigner c'est rappeler aux autres
qu'ils savent aussi bien que toi.
Vous êtes tous apprenants,
faisants, et enseignants.

Ta seule
obligation en n'importe quelle vie
est d'être vrai envers toi-même.

Être vrai envers quelqu'un d'autre ou
quelque chose d'autre n'est pas seulement
impossible ; mais c'est la
marque d'un faux
messie.

Les
questions les plus simples
sont les plus profondes.

Où es-tu né ? Où est ta maison ?
Où vas-tu ?

Que fais-tu ?

Réfléchis à ces questions
de temps en temps, et
observe tes réponses, qui
changent.

Tu
enseignes le mieux
ce que tu as le plus besoin
d'apprendre.

– Tu as l'air drôlement tranquille dans ton coin, Richard, me dit Shimoda, comme s'il voulait encourager la conversation.

– Oui, dis-je.

Et je continuai à lire. C'était un livre réservé aux seuls Maîtres, et je ne voulais pas laisser passer l'occasion.

Vis
de façon à n'avoir jamais
honte si n'importe lequel de tes actes
ou paroles est exposé
à la face du monde,
même si
ce qui est exposé
n'est pas vrai.

Tes amis
te connaîtront mieux
à la première minute de rencontre
que
tes relations ne te
connaîtront au cours
de mille
années.

La
meilleure façon
d'éviter la responsabilité
est de dire : « J'ai
des responsabilités. »

Je remarquai quelque chose d'étrange dans ce livre.

– Les pages ne sont pas numérotées, Don.

– Non, répondit-il. Tu l'ouvres, et tu y trouves tout ce dont tu as besoin.

– Un livre magique!

– Non. Tu peux faire la même chose avec n'importe quel livre. Et même avec un vieux journal, si tu le lis avec l'attention qui convient. Ça ne t'est jamais arrivé, quand tu as un problème qui te trotte dans la tête, d'ouvrir le premier livre qui te tombe sous la main et de regarder ce qu'il te dit?

– Non.

– Essaie à l'occasion, tu verras.

J'essayai aussitôt. Je fermai les yeux et je me demandai ce qui allait m'arriver si je restais plus longtemps avec ce personnage étrange. C'était drôle d'être avec lui, mais je ne pouvais m'ôter de l'esprit qu'il allait lui arriver sous peu quelque chose de pas drôle du tout. Et je n'avais pas tellement envie de me trouver dans les parages quand ça se passerait. Avec cette idée dans la tête, j'ouvris le bouquin, les yeux toujours fermés, puis je regardai et je lus.

Tu es conduit
à travers le temps de ta vie
par la créature intérieure qui apprend,
l'être spirituel alerte
qui est ton moi réel.

Ne t'écarte pas
des futurs possibles
avant d'être certain que tu n'as rien
à apprendre d'eux.

Tu es toujours libre
de changer d'idée et de
choisir un futur différent, ou
un différent
passé.

– Choisir un passé différent? Qu'est-ce que ça veut dire? Au sens propre ou au sens figuré...? Je crois que mon esprit se rebiffe, Don. Je ne vois pas comment il me serait possible d'apprendre un truc comme ça.

– La pratique, répondit-il. Un peu de théorie et beaucoup de pratique. Ça te prendra à peu près une semaine et demie.

– Une semaine et demie?

– Ouais. Crois que tu connais toutes les réponses, et tu connais toutes les réponses. Crois que tu es un Maître, et tu l'es.

– Je n'ai jamais dit que j'avais envie d'être un Maître.

– C'est juste, tu ne l'as pas dit.

Mais je gardai le manuel, et il ne me le réclama jamais.

5

Pour faire de l'argent dans le Middle West, les paysans ont besoin d'un bon terrain. Il en va de même pour les saltimbanques de l'air. Ils doivent être à proximité de la clientèle. Il leur faut trouver des champs à deux pas des villages, des prés ou des champs de fourrage, des champs de blé ou d'avoine coupés ras; pas de vaches dans les environs car elles brouteraient l'entoilage des avions; une route le long du champ pour les voitures; un passage dans la clôture pour les gens; des champs situés de telle façon que l'aéroplane n'ait pas besoin de voler au ras des maisons; des champs assez plats pour que les appareils n'éclatent pas en morceaux lorsqu'ils se posent à 80 km/h; des champs assez longs pour atterrir et décoller en toute sécurité par une chaude et paisible journée d'été; et, bien sûr, la permission du propriétaire.

C'est à cela que je pensais tandis que nous volions vers le nord, le Messie et moi, ce samedi matin-là. Les verts et les ors du paysage défilaient doucement à mille pieds au-dessous de nous. Le Travel Air de Donald Shimoda flottait bruyamment près de mon aile droite, et le soleil semblait jaillir en tous sens de ses peintures miroitantes. Un bel appareil, me disais-je, mais trop gros pour faire du vrai travail de saltimbanque. On peut prendre deux passagers à la fois, bien sûr; mais il est deux fois plus lourd que mon zinc, il lui faut donc beaucoup plus d'espace pour décoller et pour se poser. J'ai eu un Travel Air dans le temps, mais finalement je m'en suis débarrassé. Je préfère mon vieux zinc, qui s'accommode des petits terrains, dans le genre de ceux qu'on trouve beaucoup plus souvent près des villages. Avec un zinc comme le mien, on peut travailler sur un champ de moins de deux cents mètres, alors que le Travel Air a besoin de trois cent cinquante ou quatre cents mètres au bas mot. Et je me disais en moi-même : si tu te lies avec ce type, tu es lié par les limites de son appareil.

Et juste au moment où je pensais à ça, je repérai un bon petit pré à vaches, tout près du village que nous venions de survoler : un champ de quatre cents mètres, mais coupé en deux; la seconde moitié servait de terrain de base-ball.

Sachant que l'avion de Shimoda ne pourrait pas atterrir là, je redressai mon petit zinc sur l'aile gauche, nez en l'air, puis, tous gaz coupés, je me laissai tomber en feuille morte au-dessus du terrain de jeux. Les roues touchèrent le sol juste après la clôture de gauche du terrain, et s'arrêtèrent bien avant la clôture de droite. Je voulais juste lui montrer un peu ce que mon zinc pouvait faire, si on le pilotait comme il faut.

D'un coup d'accélérateur, je fis demi-tour pour me préparer à redécoller, mais lorsque je levai les yeux, j'aperçus le Travel Air déjà prêt à atterrir. Dressé sur sa queue, l'aile droite haute, on eût dit un condor fier et gracieux tournoyant dans les airs avant de se poser sur une touffe de genêts.

Il était si bas, il allait si lentement que je sentis des frissons sur ma nuque. Il allait casser du bois, c'était inévitable. Pour pouvoir se poser avec un Travel Air, il aurait fallu rester à 100 km/h au moins au-dessus de la clôture. Si vous allez plus lentement avec un avion qui se met en perte de vitesse à 80, c'est la culbute à tous les coups. Mais voilà ce que j'ai vu à la place : ce biplane d'or et de neige s'est arrêté dans les airs. Je ne veux pas dire : vraiment arrêté, mais il volait à 50 à l'heure, pas plus. Vous vous rendez compte? Un avion qui se met en perte de vitesse à 80, et qui s'arrête comme ça pour se poser comme une fleur sur le gazon! Il ne lui fallut pas plus de la moitié ou peut-être des trois quarts de l'espace dont j'avais eu besoin avec mon zinc.

Je ne le quittai pas des yeux, cloué sur mon siège. Il se rangea près de moi et coupa l'allumage. Lorsque je coupai le moteur à mon tour, le regardant toujours bouche bée, il me cria :

– Formidable, le terrain que tu as trouvé. Tout près du village, hein?

Nos premiers clients, deux gamins sur une Honda, faisaient déjà leur apparition, curieux de voir de quoi il retournait.

– Qu'est-ce que tu veux dire, tout près du village?

J'avais encore le bruit du moteur dans les oreilles et je criais.

– C'est à deux pas!

– Non, pas ça! QU'EST-CE QUE C'ÉTAIT QUE CET ATTERRISSAGE? Avec un Travel Air! Comment as-tu pu te poser ici?

Il me fit un clin d'œil.

– Par magie!

– Non, Donald, vraiment! J'ai vu la façon dont tu t'es posé!

Il s'aperçut que j'étais secoué et drôlement effrayé.

– Richard, tu veux connaître la réponse? Comment les clés planent dans les airs, comment les maladies guérissent, comment l'eau se change en vin, comment on marche sur les vagues et comment on pose des Travel Air sur trente mètres de gazon? Tu veux connaître la réponse à tous ces miracles?

J'eus l'impression qu'il avait dirigé un faisceau laser sur moi.

– Je veux savoir comment tu t'es posé ici...

– Ecoute! cria-t-il à travers l'espace qui nous séparait. Ce monde? Et tout ce qu'il y a dedans? *Illusions,* Richard! Le moindre petit bout de ce monde, *illusions!* Tu piges, oui?

Pas de clin d'œil, pas de sourire; comme s'il était soudain furieux contre moi à l'idée que je ne me sois pas rendu compte de tout ça depuis longtemps.

La moto s'arrêta près de la queue de son avion; les gosses avaient l'air de vouloir partir en balade.

– Ouais! D'accord pour les illusions!

C'est tout ce que je trouvai à dire. Mais déjà les deux gamins l'avaient rejoint, et il fallait que je me hâte de trouver le propriétaire du champ pour lui demander l'autorisation de nous servir de son pâturage.

Je ne peux pas vous décrire comment le Travel Air décolla et se posa ce jour-là. On aurait dit un faux Travel Air, comme si c'était en fait un piper-cub ou un hélicoptère habillé en Travel Air. D'une certaine façon, il était beaucoup plus facile pour moi d'accepter qu'une clé de quatorze flotte en état d'apesanteur sous mon nez, que de rester calme en regardant cet appareil décoller avec deux passagers à bord à moins de 50 à l'heure. C'est une chose de croire en la lévitation lorsqu'on l'a sous les yeux, mais une autre chose de croire aux miracles.

Je ne cessai de songer à ce qu'il m'avait dit avec tant de violence. *Illusions.* Quelqu'un m'avait déjà dit ça... quand j'étais gosse et que j'apprenais des tours de passe-passe. Ce sont les *magiciens* qui parlent d'illusion. Ils prennent bien soin de vous dire : « Regardez, ce n'est pas un miracle que vous allez voir; ce n'est pas vraiment de la magie. Ce que c'est? C'est un truc, c'est une illusion de magie. » Puis ils sortent un chandelier d'une noisette et transforment un éléphant en raquette de tennis.

Sur un coup d'intuition, je pris le *Guide du Messie* dans ma poche et je l'ouvris. Il n'y avait que deux phrases sur la page.

Il n'est jamais problème
qui n'ait un cadeau pour toi
entre ses mains.

Tu cherches des problèmes
parce que tu as besoin
de leurs cadeaux.

Je ne sais pas pourquoi, mais le fait de lire ces mots me soulagea de mes perplexités. Je les relus jusqu'à pouvoir les répéter les yeux fermés.

Le village se nommait Troy et le pâturage où nous étions promettait d'être aussi favorable que le champ de luzerne de Ferris. Mais, à Ferris, je m'étais senti très calme, alors qu'ici il y avait dans l'air une sorte de tension qui ne me plaisait pas du tout.

La balade en avion, que nos passagers ressentaient comme un événement exceptionnel dans leur existence, n'était pour moi que routine, et cette étrange sensation de malaise venait tout gâcher. Ce qui était un événement pour moi, c'était ce personnage avec qui je volais... sa manière incroyable de faire marcher son appareil, et toutes les choses étranges qu'il avait dites pour l'expliquer.

Les gens de Troy ne voyaient rien de stupéfiant à la façon de voler du Travel Air, pas plus que je ne me serais étonné d'entendre sonner à midi une cloche qui n'aurait pas sonné depuis soixante ans... ils ne savaient pas, bien sûr, que ce qui se passait sous leurs yeux était véritablement IMPOSSIBLE.

– Merci pour la balade! disaient-ils, et : C'est tout ce que vous faites dans la vie?... Vous n'avez pas un autre travail ailleurs? et : Pourquoi avez-vous choisi un bled comme Troy? et aussi : Jerry, ta ferme n'est pas plus grosse qu'une boîte à chaussures!

L'après-midi fut très chargé. Des tas de gens sortirent pour s'offrir un tour en l'air et nous allions faire pas mal d'argent. Et pourtant quelque chose en moi disait : Fiche le camp, fiche le camp, tire-toi de ce coin-là. Je n'avais jamais tenu compte auparavant de ce genre de pressentiment, et je m'en étais toujours mordu les doigts.

Vers trois heures, j'arrêtai mon moulin pour refaire le plein. Deux allers et retours jusqu'à la station d'essence du village, avec deux jerricanes de vingt litres d'ordinaire. Je réalisai soudain que le Travel Air n'avait pas encore refait son plein. Shimoda n'avait pas mis d'essence dans son avion depuis Ferris, et peut-être même avant. Cela faisait sept heures maintenant, presque huit, que son appareil volait, sans qu'il rajoute une goutte d'essence ou d'huile. J'avais beau savoir que c'était un type bien, qui ne me ferait jamais de mal, je commençai à avoir peur. En faisant attention, en coupant les gaz dans les virages et en réduisant l'admission en palier, on peut faire voler un Travel Air cinq heures sur ses réservoirs. Mais pas huit heures à décoller et à atterrir sans arrêt.

Il continuait à prendre des clients et à voler pendant que je versais l'essence dans le réservoir central, et que j'ajoutais un litre d'huile dans le moteur. Les gens faisaient la queue pour voler... c'était comme s'il n'avait pas voulu les décevoir.

Je l'arrêtai au moment où il aidait un couple à s'installer sur les deux sièges avant de son avion. J'essayai de paraître le plus calme et le plus naturel possible.

– Don, comment ça va tes réservoirs? Pas besoin d'un peu d'essence?

J'étais près de l'aile, un jerricane vide à la main. Il me regarda droit dans les yeux, et ses sourcils se froncèrent. Il paraissait surpris, comme si je lui avais demandé s'il n'avait pas besoin d'un peu d'air pour respirer.

– Non, dit-il. Non, Richard, je n'ai pas besoin d'essence.

Je me sentis comme un petit garçon en culotte courte renvoyé au fond de la classe.

Cela m'embêtait. J'en connais un bout sur les moteurs d'avions et la consommation du carburant.

– Alors, un petit peu d'uranium, peut-être?

Il éclata de rire, et je fus aussitôt désarmé.

– Non merci, non. J'ai fait le plein l'année dernière.

Il était déjà sur son siège, derrière ses passagers, tout prêt à effectuer son décollage surnaturel, au ralenti.

J'avais envie que tous ces gens rentrent chez eux, j'avais envie que nous partions d'ici au plus vite, clients ou pas, j'avais envie d'avoir assez de bon sens pour filer sans attendre un instant de plus, tout seul. Tout ce que je voulais, c'était décoller et me trouver un grand pré tout vide loin de tout village, simplement pour m'asseoir, réfléchir et noter dans mon journal de bord ce qui était en train de se passer, découvrir un sens à tout ça.

J'attendis près de mon zinc jusqu'à ce que Shimoda atterrisse. Je marchai vers son cockpit et, avant même qu'il eût coupé son moteur :

– J'ai assez volé comme ça, Donald, criai-je. Je vais de mon côté, me poser loin des villages et travailler un peu moins pendant quelque temps. C'était très agréable de voler avec toi. A un de ces jours, d'accord ?

Il ne sourcilla pas.

– Encore un vol et je suis à toi. Il y a un gars qui attend.

– Parfait.

Le gars attendait dans un fauteuil roulant cabossé, que l'on avait poussé jusqu'au coin du champ. Il était tout recroquevillé et tordu sur son siège, comme écrasé par un surcroît de pesanteur, mais il était venu quand même, pour voler. Il y avait pas mal de gens autour, quarante ou cinquante, dans leurs voitures ou à côté, curieux de voir comment Don sortirait le type de sa chaise et le mettrait dans l'avion.

Don ne se tracassa pas le moins du monde.

– Vous voulez voler?

Le type dans le fauteuil roulant esquissa un

sourire de travers et parvint à incliner la tête sur le côté.

– Allons-y, c'est le moment! dit Don calmement, comme s'il parlait à un homme resté longtemps sur la touche, et dont l'heure est venue de rentrer dans le jeu.

Rien d'étrange dans tout ça, si ce n'est, à y regarder de plus près, l'intensité avec laquelle il avait parlé. Sa voix était naturelle, banale, oui; mais c'était quand même un ordre, et il signifiait à l'homme de se lever et de monter dans l'avion, pas d'excuses possibles. Ce qui arriva ensuite, eh bien, ce fut comme si l'homme avait joué la comédie : la dernière scène de son rôle d'invalide-estropié. Oui, on aurait dit qu'un metteur en scène avait tout réglé. Le surcroît de pesanteur disparut comme s'il n'avait jamais existé, et l'homme s'élança de sa chaise, au pas de gymnastique, étonné de ce qui lui arrivait, jusqu'au Travel Air.

J'étais tout près, et je l'entendis :

– Qu'est-ce que vous avez fait? dit-il. *Qu'est-ce que vous m'avez fait?*

– Vous venez voler, oui ou non? dit Don. C'est trois dollars. On paie avant le décollage, s'il vous plaît.

– Je vole! dit l'homme.

Shimoda ne l'aida pas à monter dans le cockpit, comme il le faisait d'habitude pour ses passagers.

Les gens étaient tous sortis de leurs voitures – il y eut quelques murmures, puis un silence stupéfait. L'homme ne marchait plus depuis que son camion était tombé d'un pont onze ans plus tôt.

Comme un gosse qui vient de se faire des ailes avec un drap de lit, il sauta dans le cockpit et se glissa sur le siège. Il remuait les bras en tous sens comme si on venait tout juste de les lui donner pour qu'il s'en amuse.

Avant que quelqu'un ait pu dire un mot, Don

donna les gaz et le Travel Air s'élança, fit un virage sur l'aile au-dessus des arbres et se mit à grimper avec rage.

Un instant peut-il être à la fois heureux et terrifiant? Ce fut pourtant le cas de nombreux instants après celui-là. C'était une merveille de voir guéri miraculeusement (il n'y a pas d'autre mot) un homme qui paraissait vraiment le mériter, mais en même temps quelque chose d'inquiétant allait se passer lorsqu'ils redescendraient tous les deux. La foule attendait, en se serrant les coudes; dans ces cas-là, un groupe d'hommes est une meute, et il n'en sort jamais rien de bon. Les minutes passaient, les yeux cherchaient le biplane, minuscule, volant insouciant sous le soleil, et peu à peu une violence sourde s'accumulait, prête à éclater.

Le Travel Air dessina dans les airs plusieurs huit paresseux, une spirale serrée, puis il se mit à flotter au-dessus de la clôture comme une bruyante soucoupe volante se préparant à se poser doucement. S'il avait le plus petit grain de bon sens, il débarquerait son client de l'autre côté du pré, et se hâterait de redécoller et de disparaître. Les gens arrivaient maintenant sans arrêt, et déjà un autre fauteuil roulant, poussé par une femme au pas de course.

Il alla se garer juste devant la foule, fit tourner l'appareil pour écarter l'hélice, et coupa le moteur. Les gens se précipitèrent vers la cabine, et pendant un instant je crus qu'ils allaient arracher la toile du fuselage pour s'approcher des deux hommes.

Etait-ce de la lâcheté? Je l'ignore; toujours est-il que j'avançai jusqu'à mon appareil, tirai la manette des gaz, poussai l'allumage, et fis tourner l'hélice. Le moteur en marche, je montai dans la cabine, me mis face au vent et décollai. Je baissai les yeux une dernière fois vers Donald Shimoda : il était assis sur le rebord du cockpit, et la meute l'entourait de toutes parts.

Je virai à l'est, puis au sud-est et, après quelque temps, le premier grand champ que je trouvai, avec des arbres pour me mettre à l'ombre et un ruisseau pour me désaltérer, me parut idéal pour la nuit. Je me posai, à l'écart de toute ville et de tout village.

6

Ce qui s'était passé en moi? Je ne saurais le dire, pas même aujourd'hui. Rien d'autre peut-être qu'une sensation d'apocalypse, mais c'était plus fort que moi, et j'avais fui Donald Shimoda, l'étrange personnage. En présence de l'apocalypse, le Messie lui-même n'avait pas le pouvoir de me faire attendre sagement.

Tout était calme autour de moi. C'était une vaste prairie silencieuse ouverte sous le ciel... Juste le murmure d'un petit ruisseau, et il me fallait tendre l'oreille pour l'entendre. Tout seul, une fois de plus. La solitude devient une habitude, mais il suffit de vingt-quatre heures pour vous la faire perdre et, après, il faut repartir de zéro, se réadapter une fois de plus.

– D'accord, ça n'était pas si mal, dis-je tout haut à la prairie. Pas si mal pour quelque temps. Et ce type avait peut-être des tas de choses à m'apprendre. Mais la foule, je ne supporte pas ça, même quand tout va bien. Alors quand les gens prennent peur, quand ils se préparent à crucifier quelqu'un ou à lui rendre un culte, non merci, la coupe est pleine!

Je me tus soudain, stupéfait. Ces mots que je venais de dire, n'était-ce pas justement ce qu'aurait dit Shimoda? Pourquoi était-il resté là-bas? J'avais eu le bon sens de partir et pourtant je n'étais pas messie pour deux sous.

Illusions. Qu'est-ce qu'il voulait dire avec ses *illusions*? C'était là le plus important de tout ce qu'il avait dit ou fait – féroce, voilà comment il était lorsqu'il avait dit *Tout est illusion.* Comme s'il avait voulu faire exploser cette idée, par sa force même, dans ma tête. C'était un « problème », d'accord, et j'avais besoin de son « cadeau », comme disait le bouquin, mais je ne voyais pas du tout ce que cela voulait dire.

Au bout d'un moment, j'allumai du feu et je cuisinai une sorte de ragoût avec des restes : du soja, de la viande et des nouilles desséchées, ainsi que deux saucisses qui auraient peut-être été mangeables trois jours plus tôt. Le sac à outils traînait à côté de la boîte à provisions, et, machinalement, je pris la clé de quatorze pour touiller le ragoût, après l'avoir soigneusement nettoyée.

J'étais seul, ne l'oubliez pas : personne pour me regarder. Alors, pour rire, j'essayai de la faire flotter en l'air. Si je la lançais bien à la verticale et si je battais des paupières juste au moment où elle s'arrêtait de monter, avant de redescendre, j'avais l'impression pendant une demi-seconde que la clé flottait. Mais elle se précipitait aussitôt vers le bas, sur l'herbe ou sur mes genoux, et l'effet disparaissait très vite. Et pourtant c'était la même clé... la même! Comment faisait-il?

Si tout est illusion, monsieur Shimoda, le réel,

qu'est-ce que c'est? Et si la vie est illusion, pourquoi donc la vivons-nous? Finalement, je renonçai, je lançai la clé deux ou trois fois de plus et j'abandonnai; et je fus content soudain, heureux d'être où j'étais et de savoir ce que je savais, même si ce n'était pas la réponse au problème de toute existence, même si ce n'était qu'une poignée d'illusions.

Quand je suis tout seul, il m'arrive de chanter : *Oh! moi et mon vieux ZINC!...* Et tout en chantant, je caresse l'aile de l'avion, comme ça, pour le plaisir, parce que je l'aime (personne ne m'entend, n'oubliez pas). *On se baladera dans le ciel... En sautant au petit bonheur dans les prés, jusqu'à ce que l'un de nous deux vienne à flancher...* J'invente à mesure, paroles et musique. *Et c'est pas moi qui flancherai, mon vieux... Sauf si tu te casses un BRAS... et même je te raccommoderai avec des bouts de FICELLE... Et on continuera à voler... ON CONTINUERA À VOLER.*

Il n'y a pas de fin aux paroles quand je suis content, et la rime n'a pas d'importance. Fini de penser aux problèmes du Messie; je n'avais aucun moyen de découvrir qui il était et ce qu'il voulait dire, alors je cessai d'essayer et c'est ça, je crois, qui me rendit le bonheur.

Bien plus tard, vers dix heures, le feu s'éteignit, et ma chanson de même.

– Où que tu sois, Don Shimoda, dis-je en déroulant ma couverture sous l'aile, je te souhaite de voler tranquille – et pas de foules. Si c'est cela que tu désires. Non, je retire mes paroles. Je te souhaite, cher Messie solitaire, de trouver ce que tu désires trouver, quoi que ce soit...

Son manuel tomba de ma poche lorsque j'enlevai ma chemise, et je lus la page à laquelle il s'était ouvert.

Le lien
qui t'unit à ta vraie famille
n'est pas celui du sang, mais
celui du respect et de la joie, dans
la vie de chacun des membres.

Il est rare que les membres
d'une même famille grandissent
sous le même
toit.

Je ne voyais pas comment cela pouvait s'appliquer à moi, et je décidai de ne jamais permettre à un livre de remplacer mes propres pensées. Je me blottis dans ma couverture, et je plongeai dans le sommeil comme une lampe qu'on éteint, bien au chaud et sans rêves sous le ciel, sous des milliers d'étoiles – des illusions peut-être, mais belles en tout cas.

Lorsque je repris conscience, le soleil se levait, lumière rose et ombres d'or. Ce n'était pas la lumière qui m'avait éveillé mais quelque chose qui m'effleurait la tête, très doucement. Au début, je crus que c'était un brin d'herbe soulevé par la brise. Puis je compris qu'il s'agissait d'un insecte et je le chassai d'un geste brusque. Je faillis me briser les doigts : une clé à pipe de quatorze est une drôle de bestiole à balayer de la main. Le réveil fut brutal. La clé avait ricoché sur le rebord de l'aileron et s'était immobilisée un instant dans l'herbe. Mais elle se remit à flotter aussitôt et, majestueuse, elle s'éleva dans les airs. Puis, pendant que je l'observais, bien éveillé, elle retomba doucement sur le sol et ne bougea plus. Lorsque je me décidai à la saisir, c'était la bonne vieille clé de quatorze que je connaissais et que j'aimais bien, toujours aussi lourde, toujours prête à bloquer ces maudits boulons qui prenaient du jeu.

– Nom de nom!

Je ne jure jamais – une bonne habitude qui me vient de l'enfance. Mais pour le coup, j'étais vraiment troublé et je ne voyais rien d'autre à dire. Qu'est-ce qui arrivait à ma clé? Donald Shimoda était à plus de cent kilomètres de l'autre côté de l'horizon. Je soupesai l'objet, l'examinai, le tournai en tous sens – comme un singe préhistorique incapable de comprendre qu'une roue tourne, alors qu'il le voit de ses propres yeux. Il devait y avoir une raison très simple...

Je renonçai finalement, très penaud. Je posai la clé sur le sac à outils et j'allumai le feu pour me faire cuire une galette. Rien ne me pressait d'aller ailleurs. Je pouvais rester là toute la journée si j'en avais envie.

La galette levait bien dans la poêle, et je m'apprêtais à la retourner lorsque j'entendis un bruit dans le ciel, du côté de l'ouest.

Aucune chance que ce soit l'avion de Shimoda, personne n'aurait pu retrouver ma trace jusqu'à ce champ isolé au milieu de millions de champs isolés du Middle West. Et pourtant je savais que c'était lui, et je me mis à siffloter. Et tout en surveillant ma galette d'un œil et le ciel de l'autre, je cherchais quelque chose à lui dire sur un ton très calme au moment où il se poserait.

C'était le Travel Air, pas d'erreur, qui passait en rase-mottes au-dessus de mon zinc, qui faisait un virage acrobatique sur l'aile puis glissait doucement pour atterrir à 100 km/h, la vitesse à laquelle n'importe quel Travel Air doit atterrir. Il se rangea non loin et coupa son moteur. Je ne dis rien. Un signe de main mais pas un mot. Je m'arrêtai cependant de siffloter.

Il sortit du cockpit et s'avança vers le feu.

– Salut, Richard.

– Tu es en retard, dis-je. La galette a failli brûler.

– Excuse-moi.

Je lui tendis un verre d'eau du ruisseau et une assiette en fer-blanc avec la moitié de la galette et une grosse noix de margarine.

– Comment ça s'est passé? dis-je.

– Pas mal.

Il m'adressa un sourire très bref, un peu timide.

– Je m'en suis sorti vivant.

– Je n'en aurais pas juré.

Il se mit à manger la galette en silence.

– Tu sais, dit-il au bout d'un moment en contemplant son assiette, tu sais que cette galette est vraiment infecte.

– Personne ne t'oblige à manger ma galette, répondis-je, vexé. Pourquoi tout le monde déteste-t-il ma galette? PERSONNE N'AIME MA GALETTE! Pourquoi, Maître Sublime, pourquoi, hein?

Il sourit.

– Eh bien – et je parle en tant que Dieu en ce moment –, je dirais que tu crois qu'elle est bonne et que, par conséquent, elle a bon goût pour toi. Mais goûte-la sans croire profondément ce que tu crois, et tu trouveras qu'elle a goût de farine... avec de la flotte... et passée au feu, tu ne penses pas? C'est exprès que tu y as mis du foin, non?

– Excuse-moi. Ça a dû tomber de mes manches sans que je m'en aperçoive. Mais tu ne penses pas que la galette – pas le foin ou le petit morceau brûlé, dans le coin –, la galette en elle-même, tu ne penses pas que tout de même...?

– Ignoble!

Il me tendit son assiette. Il n'en avait mangé qu'une bouchée.

– Je préfère crever de faim. Tu as encore les pêches?

– Dans la boîte.

Comment avait-il pu me repérer sur ce champ? Dix mètres d'ailes sur des milliers de kilomètres carrés de prairies et de cultures, ce n'est pas une cible facile, surtout avec le soleil dans les yeux. Mais je m'étais promis de ne pas le lui demander. S'il voulait me le dire, il me le dirait, un point c'est tout.

– Comment m'as-tu trouvé? m'entendis-je lui dire. J'aurais pu atterrir n'importe où.

Il avait ouvert la boîte de pêches et il les mangeait à la pointe du couteau... pas facile, croyez-moi.

– Qui se ressemble s'assemble, murmura-t-il en laissant tomber une tranche de pêche.

– Hein?

– La loi cosmique.

– Ah bon!

Je terminai ma galette, et j'allai gratter la poêle avec le sable du ruisseau. Pas d'erreur, c'était de la bonne galette.

– Ça t'ennuierait de m'expliquer? Veux-tu dire que je ressemble à ton estimée personne? Ou bien que les avions se ressemblent en un sens?

– Nous autres faiseurs-de-miracles, nous devons nous serrer les coudes, dit-il.

La phrase était à la fois aimable et horrible. Surtout la façon dont il l'avait prononcée.

– Euh... Ecoute, Donald. A propos de ce que tu viens de dire : « Nous autres faiseurs-de-miracles », ne voudrais-tu pas m'expliquer ce que tu as dans la tête?

– D'après la place de la clé de quatorze sur le sac à outils, je pense que ce matin tu t'es livré au vieux truc de la lévitation-sur-clé-à-pipe. Rectifie si je me trompe.

– Je ne me suis livré à rien du tout! Je me suis réveillé... ce truc-là m'a réveillé. Tout seul.

– Ah! « Tout seul »!

Il me riait au nez.

– OUI. TOUT SEUL.

– Tu n'as pas l'air de mieux t'y entendre en miracles qu'en galettes, mon pauvre Richard.

Je ne répondis rien. Je m'allongeai simplement sur mon sac de couchage et je restai aussi calme que possible. S'il avait quelque chose à dire, qu'il le dise quand il lui plairait.

– Certains d'entre nous commencent à apprendre ces choses-là de façon subconsciente. Notre esprit ne les accepterait pas à l'état de veille, alors nous faisons nos miracles en dormant.

Il regardait le ciel, où se formaient de petits nuages de beau temps.

– Ne t'impatiente pas, Richard, poursuivit-il. Nous sommes tous en train d'apprendre encore. Cela te viendra très vite, maintenant, et tu seras un bon vieux maestro du spirituel avant même de le savoir.

– Qu'est-ce que tu veux dire par « avant même de le savoir »? Je ne *veux* pas le savoir! Je ne veux rien savoir!

– Tu ne veux rien savoir?

– D'accord, je veux savoir pourquoi le monde existe, et ce qu'il est, et pourquoi je vis ici, et où je vais aller... Voilà tout ce que je veux savoir. Et si je pouvais faire un souhait : comment voler sans avion.

– Je regrette.

– Tu regrettes quoi?

– Ça ne se passe pas comme ça. Si tu apprends ce qu'est ce monde, comment il fonctionne, automatiquement tu commenceras à obtenir des miracles – ce qu'on appellera des miracles. Mais bien sûr, rien n'est miraculeux. Si l'on apprend ce que sait le magicien, il n'y a plus de magie.

Ses regards se détachèrent du ciel.

– Tu es comme tous les autres. Tu sais déjà tout ça, mais tu n'as pas encore conscience de le savoir, c'est tout.

– Je ne me rappelle pas, dis-je, je ne me rappelle pas t'avoir entendu me demander si j'avais envie d'apprendre la *chose* – quelle qu'elle soit – qui a introduit dans ta vie les foules et le malheur. Oui, ça semble m'être sorti de l'esprit.

A peine avais-je dit ces mots que je savais déjà qu'il allait me répondre : « Tu t'en souviendras plus tard » – et je savais aussi qu'il aurait raison de le dire.

Il s'allongea dans l'herbe et prit le sac de farine pour oreiller.

– Ecoute, il ne faut pas t'inquiéter au sujet des foules. Elles ne peuvent pas te toucher si tu ne le veux pas. Tu es magique, n'oublie pas : HOP! – tu deviens invisible et tu passes à travers les portes.

– La foule t'a bel et bien coincé à Troy, non?

– Je n'ai pas dit que je ne le voulais pas. Je l'ai permis. J'en avais envie. On est tous un petit peu cabotins sur les bords, non? Sinon on n'aurait jamais pu devenir des Maîtres.

– Mais tu avais laissé tomber. J'avais lu...

– Au train où ça allait, je devenais le Messie-Unique-et-à-Temps-Plein, alors il n'était pas question que je continue. Mais je ne peux pas désapprendre ce que j'ai mis des vies à savoir, tu ne crois pas?

Je me mis à mâchonner un brin d'herbe, et je fermai les yeux.

– Ecoute, Don, qu'est-ce que tu essaies de me raconter? Pourquoi tournes-tu autour du pot au lieu de me dire les choses en face?

Il demeura silencieux un moment puis il dit :

– Il vaudrait peut-être mieux que ce soit toi qui parles. Explique-moi ce que j'essaie de te dire, et je rectifierai si tu te trompes.

Je réfléchis une minute, puis je décidai de le surprendre.

– D'accord. C'est moi qui vais parler.

Et je me tus pour voir pendant combien de temps

il attendrait si j'avais du mal à trouver mes mots. Le soleil, déjà haut dans le ciel, commençait à nous réchauffer et au loin, dans un champ invisible, un paysan sur un tracteur Diesel travaillait son maïs bien que l'on fût dimanche.

– D'accord. Je vais te dire. Primo : quand je t'ai vu pour la première fois dans le champ près de Ferris, ce n'était pas une coïncidence. Vrai?

Il demeura silencieux comme l'herbe qui pousse.

– Et, deuzio, nous avons passé, toi et moi, une sorte d'accord mystique, que j'ai apparemment oublié, et toi non.

La brise poussait jusqu'à nous, par bouffées, le son lointain du tracteur. Rien d'autre. Une partie de moi-même écoutait mes paroles sans les considérer comme un conte imaginaire : j'étais en train d'improviser une histoire vraie.

– Tu sais ce que je vais dire? Que nous nous sommes rencontrés il y a trois ou quatre mille ans, on n'est pas à un jour près. Nous aimons le même genre d'aventures, nous haïssons probablement le même genre de destructeurs, nous apprenons avec à peu près le même plaisir, à peu près aussi vite l'un que l'autre. Mais tu as une meilleure mémoire. C'est de notre « nouvelle » rencontre que tu parlais quand tu as dit : « Qui se ressemble s'assemble. »

Je pris un autre brin d'herbe.

– Comment je m'en sors? lui demandai-je.

– Au début, j'ai cru que ce serait très long et très pénible. Ça va être long et pénible, mais je crois que tu as une petite chance d'y arriver cette fois. Continue.

– Autre chose. Je n'ai pas à continuer de parler, puisque tu sais déjà ce que savent les gens. Mais si je ne disais pas ce que je sais, tu ne saurais pas ce que j'estime que je sais, faute de quoi je ne pourrais apprendre aucune des choses que je veux apprendre.

Je posai mon brin d'herbe.

– Où veux-tu en venir, Don? Pourquoi te soucies-tu d'un type comme moi? Quand quelqu'un est aussi évolué que toi, il tient tous ces pouvoirs-miracles pour des sous-produits, non? Tu n'as pas besoin de moi, tu n'as pas besoin de quoi que ce soit faisant partie de ce monde.

Je tournai la tête vers lui et le fixai. Il avait les yeux clos.

– Comme d'essence pour le Travel Air? dit-il.

– C'est ça, répondis-je. Tout ce qu'il y a d'autre dans ce monde est ennui... Plus d'aventure quand on sait que rien sur cette terre ne peut vous troubler. Ton seul problème est de ne pas avoir de problèmes!

Ça, c'est parler! me disais-je.

– Tu te trompes sur ce point, répondit-il. Dis-moi pourquoi j'ai laissé tomber mon boulot... Tu sais pourquoi j'ai laissé tomber mon boulot de messie?

– Les foules, tu m'as dit. Chacun voulait que tu lui fasses son petit miracle.

– Oui. Ce que tu as dit en second, mais pas les foules. La foulophobie, c'est une idée à toi, pas à moi. Ce ne sont pas les foules qui me pèsent, c'est le genre de foule qui ne fait pas la moindre attention à ce que je suis venu dire. Tu peux aller de New York à Paris en marchant sur les eaux, tu peux faire sortir sans arrêt des pièces d'or d'entre tes doigts, ce n'est pas pour ça qu'ils feront attention à ce que tu dis – tu comprends?

Disant cela, il paraissait plus solitaire que n'importe quel être humain encore en vie. Il n'avait besoin ni de nourriture, ni de toit, ni d'argent, ni de gloire. Mais il crevait du besoin de dire ce qu'il savait, et nul ne se souciait de l'écouter.

Je cachai mon émotion sous un ton bourru.

– Tu l'as demandé, non? Si tu fais dépendre ton bonheur des actes de quelqu'un d'autre, ça ne m'étonne pas que tu aies un problème.

Il releva brusquement la tête, et ses yeux étincelèrent comme si je l'avais frappé avec la clé de quatorze. Je pensai aussitôt que ce n'était pas très malin de ma part de mettre ce type en rage contre moi. On a vite fait de griller quand un éclair vous frappe.

Un instant plus tard, il sourit – pendant une demi-seconde.

– Tu sais quoi, Richard? me dit-il lentement, tu... as... *raison*!

Il demeura silencieux, comme si ce que je lui avais dit l'avait mis en transe. Sans y prêter attention, je continuai de lui parler pendant des heures : de notre rencontre, de ce qu'il y avait à apprendre, et toutes les idées flamboyaient dans ma tête comme des comètes d'aurore et des météores de plein soleil. Il demeura allongé dans l'herbe, immobile, sans un geste, sans un mot. Il était près de midi lorsque je terminai mon exposé sur l'univers et sur toutes les choses qu'il abrite.

– ... et j'ai l'impression d'avoir à peine commencé, Don; il y a tant de choses à dire. Comment se fait-il que je sache tout cela?

Il ne répondit pas.

– Si tu comptes sur moi pour répondre à mes propres questions, j'avoue que je ne sais pas. Pourquoi puis-je dire toutes ces choses maintenant, alors que je n'avais jamais essayé auparavant? Qu'est-ce qui m'est arrivé?

Pas de réponse.

– Don? C'est à toi de parler maintenant, je t'en prie.

Il ne prononça pas un mot. Je venais de lui faire un tableau complet de la vie, et lui, mon messie – comme s'il avait trouvé tout ce qu'il lui fallait dans une seule parole prononcée par hasard à propos du bonheur – s'était aussitôt endormi.

7

Mercredi matin, il est six heures, je ne suis pas réveillé et BRAOUM! il se produit un énorme bruit, avec une violence soudaine, semblable à une symphonie d'explosions géantes; des chœurs de milliers de voix, des paroles en latin, des violons, des timbales et des trompettes hurlant à faire vibrer les vitres. Le sol trembla, mon zinc dansa sur ses roues et je bondis de dessous l'aile, tel un chat survolté dont les poils se hérissent comme autant de points d'exclamation.

Le ciel était embrasé par le soleil levant, les nuages semblaient vivants tant leurs couleurs étaient violentes, mais tout était gâché par cet énorme crescendo de dynamite.

– ARRÊTE! ARRÊTE! COUPE LA MUSIQUE! ARRÊTE!

Shimoda hurla si fort et si furieusement que je

pus distinguer sa voix par-dessus le vacarme. Et tout s'arrêta aussitôt, tandis que les échos continuaient de gronder au loin, plus loin, encore plus loin. Puis il y eut un chant sacré très doux, paisible comme la brise – Beethoven dans un rêve.

Il demeura inflexible.

– J'AI DIT : ARRÊTE!

La musique s'arrêta.

– Ouf! dit-il.

Je tournai les yeux vers lui.

– Chaque chose en son temps et en son lieu, tu ne crois pas? ajouta-t-il.

– Oui... le temps et le lieu, oui...

– Un peu de musique céleste n'est pas désagréable, dans l'intimité de notre propre esprit, et peut-être en certaines occasions particulières, mais pour commencer la journée, non merci! Et surtout à ce niveau d'écoute. Qu'est-ce qu'il te prend?

– Qu'est-ce qu'il *me* prend? Mais, Don, j'étais profondément endormi... Pourquoi me demandes-tu ce qu'il me prend?

Il secoua la tête, haussa les épaules et poussa un soupir de découragement. Puis il retourna dans son sac de couchage, sous l'aile.

Le manuel était tombé à l'envers dans l'herbe. Je le retournai avec soin et je lus :

Discute
pour tes limites,
et à coup sûr
elles sont
à toi.

Décidément, il y avait beaucoup de choses à propos des messies que je ne comprenais pas.

8

Un soir, à Hammond, Wisconsin, après avoir emmené en balade les rares passagers du lundi, nous allâmes dîner dans la petite ville. Nous étions sur le chemin du retour.

– Don, je t'accorde que cette vie peut être intéressante, ou idiote, ou tout ce qu'on décide d'en faire. Et pourtant, même dans mes jours les plus fastes, je n'ai jamais été capable d'imaginer pourquoi nous sommes ici, la vraie raison. Parle-moi un peu de ça.

Nous dépassâmes la quincaillerie (fermée) et le cinéma (ouvert : *Butch Cassidy et le Kid*); au lieu de me répondre, il s'arrêta et fit demi-tour sur le trottoir.

– Tu as de l'argent sur toi?

– Des tas. Qu'est-ce qu'il y a?

– Allons voir le film, dit-il. D'accord?

– Pas tellement, Don. Mais vas-y, toi. Je vais retourner aux avions. Je n'aime pas les laisser comme ça trop longtemps.

Qu'y avait-il soudain de si important dans cette histoire de cinéma?

– Les avions ne risquent rien. Viens voir le film.

– La séance est commencée.

– On arrivera en retard, voilà tout.

Il était déjà en train de prendre son ticket. Je le suivis dans la salle obscure, et nous nous assîmes dans le fond. Autour de nous, dans la pénombre, une cinquantaine de personnes.

Au bout d'un moment, j'oubliai pourquoi nous étions entrés et je me laissai prendre par le récit; de toute façon j'ai toujours pensé que *Butch Cassidy* est un classique du cinéma et c'était la troisième fois que je le voyais. Le temps se contractait et se dilatait sur l'écran, comme toujours dans un grand film, et pendant un moment je m'intéressai au côté technique : comment chaque séquence avait été construite, les enchaînements de plans, l'ordre choisi pour les différentes scènes. J'essayai de regarder le film sous cet angle, mais je me laissai bientôt entraîner par l'histoire et je n'y pensai plus.

Au moment où Butch et le Kid sont encerclés par toute l'armée bolivienne, presque à la fin, Shimoda me toucha l'épaule. Je me penchai vers lui, sans quitter l'écran des yeux, regrettant qu'il n'ait pas attendu la fin pour me parler.

– Richard?

– Ouais.

– Pourquoi es-tu ici?

– C'est un bon film, Don, *chut!*

Butch et le Kid, couverts de sang, parlaient de partir en Australie.

– Pourquoi bon? dit-il.

– C'est drôle. *Chut.* On en parlera plus tard.

– Secoue-toi. Réveille-toi. Des illusions, rien de plus.

Je commençais à perdre patience.

– Ecoute, Donald! Il n'y en a plus que pour deux ou trois minutes. On parlera après tant que tu voudras. Mais laisse-moi regarder le film. D'accord?

A voix basse, mais avec une sorte d'intensité dramatique :

– Richard, *pourquoi es-tu ici?* me dit-il.

– Ecoute, je suis ici parce que tu me l'as demandé.

Je me détournai et essayai de regarder la fin en paix.

– Tu n'étais pas obligé de venir. Tu aurais pu dire : non, merci.

– J'AIME CE FILM...

Un homme assis devant nous se retourna vers moi et me regarda pendant un instant.

– J'aime ce film, Don. Y a-t-il du mal à ça?

– Pas du tout, dit-il.

Il n'ouvrit plus la bouche avant la fin. Nous étions déjà sur le chemin du retour, nous avions dépassé le grand stand des tracteurs d'occasion et nous nous enfoncions dans le noir, vers le champ où se trouvaient les avions. Il allait pleuvoir avant longtemps.

Je songeais à son comportement étrange dans le cinéma.

– Tu ne fais jamais rien sans raison, Don?

– Ça m'arrive.

– Pourquoi le cinéma? Pourquoi as-tu eu soudain envie de voir *Butch Cassidy*?

– Tu avais posé une question.

– Oui. Tu as une réponse?

– Mais c'est ça ma réponse : nous sommes allés

au cinéma parce que tu avais posé une question. Le film était la réponse à ta question.

Il se foutait de moi, pas d'erreur.

– Et quelle était donc ma question?

Il y eut un long silence peiné.

– Ta question, Richard, était que, même dans tes jours les plus fastes, tu n'avais jamais été capable d'imaginer pourquoi nous sommes ici.

Je me souvins.

– Et le film était la réponse.

– Oui.

– Oh!

– Tu ne comprends pas, dit-il.

– Non.

– C'était un bon film, dit-il, mais le meilleur film du monde n'en demeure pas moins une illusion, pas vrai? Les images ne bougent même pas. Elles paraissent bouger, c'est tout. Une lumière changeante qui paraît bouger sur un écran plat posé dans le noir, c'est bien ça?

– Euh... oui.

Je commençais à comprendre.

– Les autres gens, tous les gens qui vont au cinéma, ici ou là, pourquoi y vont-ils puisque ce n'est qu'illusion?

– C'est une façon comme une autre de se distraire.

– S'amuser, d'accord. Numéro un.

– Il y a des films éducatifs.

– Parfait. C'est toujours ça. Apprendre. Numéro deux.

– La fantaisie, l'évasion.

– C'est aussi s'amuser. Numéro un.

– Pour des raisons techniques. Pour voir comment un film est fait.

– Apprendre. Numéro deux.

– Eviter l'ennui...

– L'évasion, tu l'as déjà dit.

– Le côté social. Etre avec des amis, dis-je.

– C'est une raison pour aller au cinéma mais pas pour voir le film. Et de toute façon c'est s'amuser. Numéro un.

Tout ce que je pus trouver correspondait à l'une de ces deux catégories; les gens vont au cinéma soit pour s'amuser, soit pour apprendre, soit pour les deux.

– Et un film est comme le temps d'une vie, Don, c'est là que tu veux en venir.

– Oui.

– Alors pourquoi les gens choisiraient-ils une mauvaise vie, un film d'horreur?

– Ils ne vont pas voir les films d'horreur seulement pour s'amuser, ils savent que cela va être un film d'horreur avant d'entrer dans la salle.

– Mais pourquoi?...

– Tu aimes les films d'horreur?

– Non.

– Tu en as déjà vu?

– Non.

– Et pourtant il y a des gens qui dépensent des tas d'argent et qui perdent beaucoup de temps à voir des films d'horreur ou des affreux mélos qui semblent idiots et ennuyeux à d'autres personnes?...

Il me laissa répondre à la question.

– Oui.

– Tu n'es pas obligé d'aller voir « leurs » films et ils ne sont pas obligés d'aller voir « tes » films. C'est ce qu'on appelle la « liberté ».

– Mais pourquoi les gens auraient-ils envie d'être terrifiés? Ou de s'ennuyer?

– Parce qu'ils pensent qu'ils le méritent, pour avoir terrifié quelqu'un d'autre, ou bien ils aiment l'excitation de l'horreur, ou bien ils pensent que les films doivent forcément être ennuyeux pour être bons. Peux-tu croire que des tas de gens, pour des raisons qui sont très valables à leurs yeux, prennent plaisir à se croire totalement réduits à l'impuissance dans « leurs » films? Non, tu ne peux pas le croire.

– Exact, dis-je.

– Tant que tu ne comprendras pas ça, tu te demanderas pourquoi certaines personnes sont malheureuses. Elles sont malheureuses parce qu'elles ont choisi d'être malheureuses, Richard. Et c'est très bien ainsi.

– Hum!

– Nous sommes des créatures joueuses et rieuses comme des loutres. Nous sommes les loutres de l'univers. Nous ne pouvons pas mourir, nous ne pouvons pas nous blesser nous-mêmes – pas plus que les illusions sur l'écran ne peuvent être blessées. Mais nous pouvons croire que nous souffrons, et vivre n'importe quelle agonie dans ses moindres détails. Nous pouvons croire que nous sommes des victimes, des tués et des tueurs, ou bien des êtres ballottés par le sort, tantôt bon, tantôt mauvais.

– Plusieurs vies? demandai-je.

– Combien as-tu vu de films?

– Oh!

– Des films relatifs à la vie sur cette planète, à la vie sur d'autres planètes, tout ce qui comporte espace et temps est cinéma complet, illusion complète... Mais, entre-temps, on peut apprendre une énorme quantité de choses et on peut s'amuser pas mal avec nos illusions, pas vrai?

– Jusqu'à quel point pousses-tu ce truc du cinéma, Don?

– Jusqu'à quel point va ton désir? Tu as vu le film de ce soir en partie parce que j'ai désiré le voir. Bien des gens choisissent des vies parce qu'ils prennent plaisir à faire des choses ensemble. Les acteurs du film de ce soir ont joué ensemble dans d'autres films – avant ou après, ça dépend de l'ordre dans lequel tu les vois, et tu pourrais même les voir simultanément sur des écrans voisins. Nous prenons nos tickets pour ces films : nous payons notre entrée en acceptant de croire en la réalité de l'espace et en la réalité du temps... Ni l'un ni l'autre ne sont réels, mais nul ne peut apparaître sur cette planète – ou dans n'importe quel système spatio-temporel – s'il n'accepte pas de payer ce prix.

– Y a-t-il des gens qui n'ont jamais de vies dans l'espace-temps?

– Y a-t-il des gens qui ne vont jamais au cinéma?

– Je vois. Ils apprennent les choses par d'autres moyens?

– Exact! me dit-il, tout content. L'espace-temps est une école assez primaire. Mais des tas de gens s'enferment dans l'illusion, même s'ils s'y ennuient, et ils ont envie que les lumières se rallument le plus tard possible.

– Qui écrit ces films, Don?

– C'est étonnant de voir combien nous savons de choses quand nous posons les questions à nous-mêmes et non aux autres, tu ne trouves pas? Qui écrit ces films, Richard?

– C'est nous, dis-je.

– Qui joue?

– Nous.

– Qui est l'opérateur, le projectionniste, l'exploitant, le caissier, l'ouvreuse, et le spectateur? Qui est libre de partir au milieu de la séance, à n'importe quel moment, de modifier le scénario à sa guise, qui est libre de voir le même film des dizaines de fois?

– Attends... : celui qui le désire?

– Ça te suffit comme liberté? dit-il.

– Est-ce que c'est pour cela que le cinéma a eu tant de succès? Parce que nous ressentons d'instinct qu'il constitue une image de nos vies?

– Peut-être bien que oui, peut-être bien que non. Cela a-t-il une grande importance? Non, n'est-ce pas? Quel est le projecteur?

– L'esprit, dis-je. Non. L'imagination. C'est notre imagination, quoi que tu en dises.

– Et quel est le film? demanda-t-il.

– Heu!...

– Tout ce que nous autorisons à pénétrer dans notre imagination?

– Oui, peut-être, Don.

– Tu peux tenir une bobine de film entre tes mains, dit-il, et elle est complète et achevée : un commencement, un milieu et une fin, tout est là à la même seconde, au même millionième de seconde. Le film existe indépendamment du temps qu'il enregistre, et si tu sais de quel film il s'agit, tu sais ce qui va s'y passer avant de mettre le pied dans la salle : des batailles et de l'excitation, des gagnants et des perdants, de l'amour, des catastrophes; tu sais que tout ça est là dans la bobine. Mais pour pouvoir être pris par le film, t'évader dedans, pour en profiter au maximum, il faut quand même que tu mettes la bobine dans un projecteur et que tu la fasses passer derrière l'objectif minute par minute... Toute illusion exige espace et temps pour être perçue. Alors tu sors tes ronds, tu prends ton ticket et tu t'installes. Tu oublies ce qui se passe en dehors de la salle et le film commence pour toi.

– Et personne n'est vraiment blessé? Le sang, c'est de la sauce tomate?

– Non, c'est du vrai sang, dit-il, mais ça pourrait aussi bien être de la sauce tomate, étant donné l'effet sur notre vie réelle...

– Et la réalité?

– La réalité est divinement indifférente, Richard. Une mère ne se soucie pas du rôle que tient son enfant au cours de ses jeux; un jour voleur, le lendemain gendarme. L'Etre ne sait même rien de nos illusions et de nos amusettes. Il ne connaît que Lui-même, et nous à Son image, parfaits, achevés.

– Je ne suis pas sûr d'avoir envie d'être parfait et achevé. Tu parles d'un ennui...

– Regarde le ciel, dit-il.

C'était un tel coq-à-l'âne que je levai les yeux vers le ciel. Les cirrus s'effilochaient, tout là-haut, et les premiers rayons de lune leur faisaient des auréoles d'argent.

– Un beau ciel, dis-je.

– Un ciel achevé?

– Ben... le ciel est toujours achevé, Don.

– Es-tu en train de me dire que tout en changeant à chaque seconde, le ciel est toujours un ciel achevé?

– J'ai compris, Don. Je ne suis pas bouché.

– Et la mer est toujours une mer achevée, tout en changeant sans cesse, elle aussi. Si la perfection est stagnation, alors le ciel est un marécage! Et l'Etre est tout de même pas de la vase.

– *N'est* tout de même pas de la vase, repris-je en le corrigeant sans faire attention. Parfait, et toujours en train de changer. Je l'accepte.

– Tu l'as accepté il y a très longtemps – puisque tu es à cheval sur les temps.

Je me tournai vers lui, sans m'arrêter.

– Tu n'as jamais trouvé ennuyeux d'être dans une seule dimension?

– Oh! Est-ce que je me trouve vraiment dans une seule dimension? dit-il. Et toi?

– Pourquoi tout ce que je dis est faux?

– Tout ce que tu dis est faux? reprit-il.

– Je crois que je me suis trompé de voie.

– Tu penses peut-être à l'immobilier? dit-il.

– L'immobilier ou les assurances.

– Il y a de l'avenir dans l'immobilier, si c'est un avenir que tu veux.

– D'accord. Je m'excuse, dis-je. Je ne veux pas

d'avenir. Ni de passé. J'aimerais autant devenir un bon vieux Maître du monde de l'illusion. Dans une semaine peut-être?

– Ecoute, Richard, j'espère bien que ce ne sera pas si long!

Je le regardai attentivement, mais il ne souriait pas.

9

Les jours semblaient se confondre. Nous volions comme toujours, mais je ne marquais plus l'été en termes de noms de villes ou de sommes d'argent gagné. Je me mis, pour compter le temps, à aligner les choses que j'apprenais, nos conversations à la fin du travail, et les miracles qui survenaient ici et là sur notre passage – jusqu'au moment où je connus enfin qu'il ne s'agissait pas de miracles.

Imagine
l'univers : beau
et juste et
parfait,

me dit une fois le manuel.

Puis sois assuré d'une chose :
l'Etre l'a imaginé
infiniment mieux
que tu ne l'as
fait.

10

Un après-midi tranquille... un client de temps en temps. Et entre deux, je m'entraînais à faire évaporer les nuages.

J'ai été moniteur de pilotage et je sais que les élèves compliquent toujours les choses faciles. Je le sais encore mieux maintenant, et pourtant me voici élève à nouveau, en train de froncer férocement les sourcils à l'adresse des cumulus que je prenais pour cible. J'avais besoin, pour une fois, de plus de théorie que de pratique. Shimoda était allongé sous l'aile de mon zinc, faisant semblant de dormir. Du bout du pied, je lui poussai doucement le bras; il ouvrit les yeux.

– Je ne peux pas, dis-je.

– Mais si, tu peux, répondit-il en refermant les yeux.

– Ecoute, Don, j'ai essayé! Juste au moment où je pense que quelque chose va se produire, le nuage se reforme et continue de floconner plus fort que jamais.

Il se redressa en soupirant.

– Choisis-moi un nuage. Un facile, s'il te plaît.

Je choisis le nuage le plus énorme et le plus méchant du ciel, mille mètres de hauteur, bouillonnant de toutes les fumées de l'enfer.

– Celui-là, là-bas, au-dessus du silo, dis-je. Celui qui est en train de tourner au noir.

Il me regarda un instant sans mot dire.

– Tu me détestes vraiment ou quoi?

– Mais c'est parce que je t'aime bien, Don, que je te demande ça, dis-je avec le sourire aux lèvres. Tu as besoin d'un petit stimulant. Si tu préfères, je peux t'en choisir un plus petit...

Il poussa un second soupir et se tourna vers le ciel.

– Je vais essayer... Et maintenant, lequel?

Je levai les yeux, et le nuage, le monstre contenant des millions de tonnes de pluie, avait disparu; l'endroit où il avait été : un simple trou de ciel bleu, disgracieux d'ailleurs.

– Ouah! dis-je doucement.

– Du bon boulot... répliqua-t-il. Non, je n'ai pas fait ça pour que tu me couvres d'éloges. Je dois te l'avouer en toute honnêteté : c'est facile.

Il me montra du doigt un petit flocon de nuage au-dessus de nos têtes.

– Celui-là. A toi maintenant. Prêt? Partez!

Je regardai ce petit bout de chose et il me regarda à son tour. Je le pensai disparu, je pensai une place vide là où il était, je déversai des visions de rayons calorifiques sur lui, lui demandai de réapparaître quelque part ailleurs, et lentement, en une minute, en cinq, en sept, le nuage disparut enfin. D'autres nuages grossirent, le mien s'évanouit.

– Tu n'es pas rapide, on dirait! me dit Shimoda.

– Mais c'est la première fois! Je commence à peine! Je m'attaque à l'impossible... euh! à l'improbable, et tout ce que tu trouves à dire c'est : « Tu n'es pas rapide, on dirait! » C'était formidable, et tu le sais bien!

– Stupéfiant! Tu étais tellement attaché à lui, et il a quand même disparu pour toi.

– Attaché! Attaché à ce nuage! Mais je lui balançais tout ce que je pouvais! Des boules de feu, des rayons laser, et même un aspirateur à poussière gros comme une maison...

– Attachement négatif, Richard. Si tu veux vraiment ôter un nuage de ta vie, n'en fais pas tout un plat, relaxe-toi un peu et ôte-le de tes pensées. C'est tout ce qu'il faut faire.

Un nuage ne sait pas pourquoi il se déplace justement dans telle direction et à telle vitesse,

voilà ce que le manuel avait à dire.

Il ressent une impulsion... C'est
la place où il doit aller maintenant.

Mais le ciel connaît

les raisons et les modèles
derrière tous les nuages,
et tu les connaîtras aussi, lorsque
tu t'élèveras assez haut
pour voir au-delà
des horizons.

11

Il ne t'est
jamais donné un désir
sans que te soit donné le
pouvoir de le rendre réalité.

Tu peux
être obligé néanmoins
de peiner
pour cela.

Nous nous étions posés sur un grand pâturage près d'une mare d'un hectare au moins, loin de tout village, quelque part à la limite de l'Illinois et de l'Indiana. Pas de clients; c'est notre jour de congé, pensai-je.

– Ecoute, me dit-il. Reste simplement ici sans rien dire et observe. Ce que tu vas voir n'est pas un miracle. Lis ton bouquin de physique atomique... un enfant peut marcher sur les eaux.

Il me dit cela, puis, exactement comme s'il n'avait même pas remarqué la présence de l'eau, il se mit à marcher, et dépassa bientôt de quelques mètres le rivage, sur la surface même de la mare. Et savez-vous de quoi cela avait l'air? La mare semblait un mirage de canicule par-dessus un lac de pierre. Il se tenait debout sur la surface rigide et pas une vaguelette, pas la moindre éclaboussure ne venait effleurer ses bottes de pilote.

– Voilà, dit-il. Tu viens?

Je le voyais de mes yeux. C'était possible, évidemment, puisqu'il se tenait là devant moi, debout! Alors je m'avançai vers lui. J'eus l'impression de marcher sur du linoléum bleu clair, et je ne pus me retenir de rire.

– Don! Qu'est-ce que tu es en train de me faire?

– Je te montre simplement ce que chacun apprend, tôt ou tard, dit-il. Tu te débrouilles bien, maintenant.

– Mais, je suis...

– Regarde. L'eau peut être solide (il tapa du pied : le son était sec comme s'il avait frappé un rocher) ou ne pas être solide (il tapa du pied de nouveau et l'eau jaillit sur nos jambes). Tu as vu? Essaie!

Comme on met peu de temps à s'habituer aux miracles! En moins d'une minute j'en étais venu à penser que marcher sur les eaux est possible, est naturel, est... Oui, et après?

– Mais si l'eau est solide maintenant, comment faire pour la boire?

– Tout comme nous faisons pour marcher dessus, Richard. Pas de solide et pas de liquide. Nous décidons, toi et moi, ce que ça va être pour nous. Si tu veux que l'eau soit liquide, pense-la liquide, fais comme si elle était liquide, bois-la. Si tu veux qu'elle soit air, fais comme si elle était de l'air, respire-la. Essaie.

Peut-être est-ce lié à la présence d'une âme évoluée, pensai-je. Peut-être est-il permis à ces choses de survenir dans un certain périmètre autour d'elles, dans un rayon d'une vingtaine de mètres par exemple.

Je m'agenouillai sur la surface et je plongeai la main dans la mare. Liquide. Puis je me couchai à plat ventre, j'enfonçai mon visage dans le bleu, et je me mis à respirer, plein de confiance. Je respirai quelque chose comme de l'oxygène liquide tiède, sans suffoquer, sans haleter. Je m'assis et je me tournai vers Don, une question dans les yeux, m'attendant à ce qu'il la devine.

– Parle, dit-il.

– Pourquoi me faut-il parler?

– Pour ce que tu as à dire, il est plus précis de s'exprimer avec des mots. Parle.

– Si nous pouvons marcher sur l'eau, et respirer l'eau et la boire, pourquoi ne pouvons-nous faire la même chose avec la terre?

– Oui. Bien. Regarde bien...

Il marcha jusqu'à la berge aussi facilement que sur un lac en toile peinte. Mais lorsque ses pieds touchèrent le sol, le sable et l'herbe de la rive, il commença à s'enfoncer et, après quelques pas, il sombra dans la terre et l'herbe jusqu'aux épaules. C'était comme si la mare était soudain devenue une île et la terre tout autour une mer. Il nagea un moment dans la prairie, la faisant éclabousser tout autour de lui en grosses gouttes noires et gluantes, puis il se mit à marcher dessus. Et soudain il était vraiment miraculeux de voir un homme *marcher sur le sol.*

Debout sur la mare, j'applaudis à sa performance. Il salua et applaudit à la mienne.

Je marchai jusqu'au bord de la mare, pensai la terre liquide et la touchai du bout de l'orteil. Des vaguelettes concentriques se propagèrent dans l'herbe. Est-ce qu'il y avait du fond? J'avais failli poser la question à haute voix. La terre serait aussi profonde que je le penserais. Soixante centimètres de fond, pensai-je, elle aura soixante centimètres de fond et je vais patauger.

J'avançai en toute confiance dans la berge et je coulai instantanément à pic. C'était noir là-dessous, effrayant, et je luttai pour regagner la surface, en retenant mon souffle, battant des pieds et des mains à la recherche du bord de la mare, où je pourrais m'accrocher enfin à de l'eau solide.

Il était assis sur l'herbe, et il riait.

– Tu es un élève remarquable, on ne te l'a jamais dit ?

– Je ne suis pas élève du tout! Sors-moi de là!

– Sors-toi de là toi-même.

Je cessai de me débattre. Je vois le sol solide, je peux grimper dessus, je vois le sol solide... et je grimpai dessus, complètement enrobé d'une boue toute noire.

– Eh bien, dis donc, tu te mets dans un bel état!

Sa chemise bleue et ses jeans étaient impeccables, sans un grain de poussière.

– Beurk!

Je secouai la saleté de mes cheveux, la fis tomber de mes oreilles. Finalement je posai mon portefeuille sur l'herbe, et entrai dans l'eau liquide pour me laver de façon traditionnelle – en me mouillant.

– Je me doute qu'il y a un meilleur moyen de se nettoyer, dis-je.

– Il y a un moyen plus rapide, oui.

– Ne me le dis surtout pas. Reste là, assis, à rigoler et laisse-moi me débrouiller tout seul!

– Si c'est ce que tu veux...

Il me fallut donc retourner jusqu'au zinc, dégoulinant de partout, me changer et mettre mes affaires trempées à sécher sur les haubans.

– Richard, n'oublie pas ce que tu as fait aujourd'hui. Il est facile d'oublier nos moments de connaissance, de penser qu'il s'agissait de rêves ou parfois même d'anciens miracles. Rien de bon n'est un miracle. Rien de beau n'est un rêve.

– Le monde est un rêve, tu veux dire, et il est beau, parfois. Le coucher du soleil. Les nuages. Le ciel.

– Non. L'image est un rêve. La beauté est réelle. Peux-tu voir la différence?

J'acquiesçai, je comprenais presque. Un peu plus tard, je jetai un œil furtif dans le manuel.

Le monde
est notre cahier d'écolier, sur ses
pages nous faisons nos exercices.
Il n'est pas réalité,
quoique tu puisses y exprimer de la réalité
si tu le désires.

Tu es également
libre d'écrire des inepties,
ou des mensonges, ou de déchirer
les pages.

12

Le péché originel, c'est de limiter l'Être.

Ne le fais pas.

C'était un après-midi agréable et chaud entre les averses. Les trottoirs étaient humides lorsque nous quittâmes le village.

– Tu peux passer à travers les murs, Don?

– Non.

– Quand tu dis « non » à quelque chose, je sais que c'est « oui », cela veut seulement dire que tu n'aimes pas la façon dont j'ai posé la question.

– Nous sommes observateur, maintenant? dit-il.

– Qu'est-ce qui n'allait pas dans ma question : *passer* ou *mur*?

– C'est ça. Et c'est pire que ça. Ta question suppose que j'existe en un espace-temps bien défini et que je me déplace vers un autre espace-temps. Je ne suis pas d'humeur à accepter tes suppositions à mon sujet, pas aujourd'hui en tout cas.

Je fronçai les sourcils. Il savait ce que je lui demandais. Pourquoi ne me répondait-il pas simplement d'un mot en me laissant découvrir comment il s'y prenait?

– C'est ma petite manière à moi de t'aider à être précis dans ta façon de penser, me dit-il doucement.

– D'accord. Peux-tu donner l'apparence de pouvoir passer à travers les murs si tu le désires?... La question est mieux posée ainsi?

– Oui. Mieux. Mais si tu veux être vraiment précis...

– Tais-toi, je sais comment dire ce que je veux exprimer. Voici ma question : comment se fait-il que tu puisses faire passer l'illusion d'un sentiment d'identité bien défini, qui s'exprime dans notre soi-disant continuum spatio-temporel par ton « corps », à travers l'illusion d'une limitation matérielle que l'on appelle un « mur »?

– Pas mal! dit-il. Quand tu poses la question correctement, tu ne trouves pas qu'elle contient la réponse?

– Non, la question ne contient pas la réponse. Comment passes-tu à travers les murs?

– RICHARD! Tu y étais presque, et voilà que tu réduis tout en miettes! Je ne peux pas passer à travers les murs... Quand tu dis ça, tu supposes des choses que je n'imagine absolument pas, mais si je les supposais, la réponse serait « non, je ne peux pas ».

– Mais c'est difficile, Don, d'exprimer toute chose avec la précision voulue. Tu sais bien ce que je veux dire, non?

– Alors, sous prétexte que quelque chose est difficile, tu n'essaies même pas? Marcher était difficile au début, mais tu t'es entraîné et maintenant tu donnes une impression de facilité.

Je soupirai :

– D'accord, d'accord. Oublie ma question.

– J'oublie, j'oublie... Ma question à moi est la suivante : « Est-ce que toi tu peux? »

Il me regarda comme s'il n'avait pas l'ombre d'un souci au monde.

– Alors, répondis-je, tu dis que le corps est illusion et que le mur est illusion mais que l'identité est réelle et qu'elle ne peut pas être cernée par des illusions.

– Ce n'est pas moi qui le dis, c'est toi.

– Mais c'est vrai.

– Bien sûr, répondit-il.

– Comment fais-tu?

– Richard, on ne fait rien. On le voit déjà fait, et ça y est.

– Hé! Ça paraît facile.

– C'est comme de marcher. Tu te demandes comment cela a jamais pu te paraître difficile.

– Don, ce n'est pas *difficile* pour moi de passer à travers les murs en ce moment; c'est impossible.

– Penses-tu vraiment qu'en disant *impossible* des milliers et des milliers de fois les choses difficiles deviendront plus faciles pour toi?

– Excuse-moi. C'est possible, et je le ferai quand le moment sera venu pour moi de le faire.

– Ecoutez-moi ça un peu, les gars! Monsieur marche sur les eaux, mais Monsieur est découragé parce qu'il ne passe pas à travers les murs!

– Mais c'était facile de marcher sur les eaux, tandis que...

– Discute pour tes limites et tu ne risqueras pas de les dépasser, dit-il en chantonnant. N'as-tu pas, il y a une semaine, nagé dans la terre ferme?

– Si.

– Eh bien, un *mur*, c'est de la terre verticale, non? Rien d'autre. Tu crois que la position d'une illusion est si importante que ça? Les illusions horizontales peuvent être dominées, mais pas les illusions verticales?

– Je crois que ça y est, Don, je pige.

Il leva les yeux vers moi et sourit.

– Eh bien, puisque tu piges, je vais te laisser seul un moment.

Le dernier bâtiment du village était un entrepôt de grains, une énorme masse de briques rouges. Ce fut presque comme si Don avait décidé de prendre un chemin différent pour revenir près des avions; il avait pris un raccourci invisible qui traversait le mur de brique. Il tourna brusquement sur la droite, dans le mur, et disparut. Je pense vraiment que si j'avais tourné en même temps que lui j'aurais pu traverser moi aussi. Mais je m'arrêtai sur le trottoir et fixai l'endroit où il venait de disparaître. Lorsque je posai la main sur la brique, c'était vraiment de la brique solide.

– Un de ces jours, Don, dis-je. Un de ces jours.

Et je regagnai les avions, seul, à pied, par le chemin habituel.

– Donald, dis-je en arrivant dans le champ, j'en suis arrivé à la conclusion suivante : tu ne vis pas dans ce monde, c'est tout.

Il me regarda, stupéfait, du haut de l'aile sur laquelle il était penché pour verser de l'essence dans le réservoir.

– Bien sûr que non. Peux-tu m'indiquer une personne qui vit dans ce monde?

– Qu'est-ce que tu racontes? Une personne qui vit dans ce monde? MOI! je vis dans ce monde!

– Excellent, dit-il, comme si j'avais découvert par mes propres forces un mystère caché. (Et il ajouta :) Ah! je vais te payer à déjeuner aujourd'hui... C'est merveilleux la façon dont tu apprends sans arrêt.

J'étais perplexe. Il ne paraissait ni sarcastique ni ironique. Il pensait vraiment ce qu'il avait dit.

– Qu'est-ce que tu crois ? C'est évident que je vis dans ce monde. Moi et environ quatre milliards d'autres hommes. C'est *toi* qui...

– Bon Dieu, Richard ! Mais tu es sérieux ! Dans ce cas, pas de déjeuner, mon vieux ! Pas de hamburger, pas de bière, rien du tout ! Quand je pense que j'ai cru que tu avais atteint le degré de connaissance le plus...

Il s'arrêta soudain et abaissa son regard sur moi, plein de pitié et de colère.

– Tu es sûr de ce que tu dis, hein ? Tu vis dans le même monde que... qu'un agent de change, par exemple ? Ta vie vient d'être complètement bouleversée par la flambée du Deutsche Mark et par la nouvelle augmentation du prix du pétrole ? Tu vis dans le même monde qu'un champion de tennis, pas vrai ? La Coupe Davis commence cette semaine, mais toi, tu es là, dans un champ de luzerne à Maitland, Ohio. Toi et ton vieux zinc posé au coin d'une ferme, et tes priorités, qui sont l'aimable autorisation du paysan, les clients à trois dollars les dix minutes de balade, l'entretien de ton moteur et la peur panique d'une tempête de grêle ? Mais combien crois-tu donc qu'il y ait de personnes vivant dans TON monde ? Tu prétends que quatre *milliards* d'hommes vivent dans ton monde ? Tu es là debout dans la luzerne et tu voudrais me faire croire que quatre milliards d'hommes ne vivent pas dans quatre milliards de mondes différents ! Et tu voudrais peut-être me faire avaler ça ?

Il avait parlé tellement vite qu'il était à bout de souffle.

– Je pourrais presque sentir le goût de ce hamburger, dis-je, avec du fromage qui fond par-dessus.

– Je regrette. J'aurais vraiment été content de te

l'offrir. Mais, bah! c'est trop tard maintenant, il vaut mieux ne plus y penser.

Ce fut bien sûr la dernière fois que je l'accusai de ne pas vivre dans ce monde, mais je mis du temps à comprendre les mots sur lesquels je tombai en ouvrant le manuel.

Si
tu veux
t'exercer à être fictif
quelque temps, tu comprendras
que des personnages fictifs sont
parfois plus réels que
les gens possédant des corps
et des cœurs battants.

13

Ta
conscience est
la mesure de
l'honnêteté de ton égoïsme.
Ecoute-la
avec grand soin.

– Nous sommes tous libres de faire ce que nous désirons faire, me dit-il ce soir-là. N'est-ce pas simple, clair et net? N'est-ce pas un moyen formidable de faire tourner un univers?

– Presque. Tu as oublié un détail assez énorme.

– Ah?

– Nous sommes tous libres de faire ce que nous désirons faire, aussi longtemps que personne d'autre n'en souffre, grondai-je. Je sais que c'est ce que tu voulais dire, mais ça va mieux en le disant.

Il se fit soudain comme un bruit de pas traînants dans le noir, et je me tournai aussitôt vers lui.

– Tu as entendu?

– Ouais. On dirait quelqu'un...

Il se leva et fit quelques pas dans l'obscurité. Il éclata de rire soudain et prononça un nom que je ne pus distinguer.

– Tout va bien, l'entendis-je dire. Non, nous sommes heureux de vous avoir avec nous... Pas besoin de rester à l'écart... Venez, vous êtes le bienvenu, sincèrement.

L'autre voix avait un accent prononcé, pas vraiment russe, ni tchèque, plutôt un accent de Transylvanie.

– Merci, disait-elle. Je ne veux pas m'imposer. Vous passiez la soirée tous les deux...

L'homme que Shimoda ramena avec lui près du feu était... enfin, il n'était pas du genre qu'on rencontre couramment la nuit dans le Middle West. C'était un petit type efflanqué, avec un air de loup, assez effrayant à voir, qui portait une tenue de soirée avec une cape noire doublée de satin rouge. La lumière semblait le gêner.

– Je passais, dit-il. Ce champ est un raccourci pour rentrer chez moi.

– Vraiment?

Shimoda n'en croyait pas un mot. Il savait que l'autre mentait, mais en même temps on sentait qu'il devait faire un effort pour ne pas lui éclater de rire au nez. J'espérais comprendre sans trop tarder.

– Installez-vous, dis-je. Si on peut vous rendre service...

Je ne voyais vraiment pas comment, mais il était si craintif et contracté que je voulais sincèrement le mettre un peu à l'aise, dans la mesure du possible.

Il me fixa avec un sourire désespéré qui me glaça aussitôt.

– Oui, vous pouvez m'aider. Je n'oserais pas vous le demander si je n'en avais pas tellement besoin : puis-je boire de votre sang? Juste un peu? C'est ce qui me nourrit, il me faut du sang d'homme.

C'était peut-être l'accent (il ne parlait pas bien notre langue) ou alors j'avais mal compris ses paroles, en tout cas j'étais déjà sur mes pieds : je crois que je n'avais jamais de ma vie bondi aussi vite, et le foin sur lequel j'étais allongé volait dans le feu.

L'homme recula aussitôt. Je ne suis pas du tout agressif par nature, mais je suis assez costaud, et j'avais dû prendre un air menaçant. Il rentra la tête dans les épaules.

– Je suis désolé, cher monsieur! Je regrette vraiment! Oubliez ce que je vous ai dit, je vous prie, à propos du sang! Mais vous comprenez...

– Qu'est-ce que vous dites?

J'étais d'autant plus furieux que j'étais effrayé.

– Nom de nom, je ne sais pas ce que vous êtes, une sorte de VAM...?

Shimoda me coupa avant que je n'aie pu finir le mot.

– Richard, voyons! Notre hôte était en train de parler et tu l'as interrompu! Continuez, cher monsieur, je vous en prie; mon ami est un peu nerveux.

– Don, dis-je, ce type est un...

– Tais-toi!

J'étais trop stupéfait pour insister. Je posai un regard terrifié sur cet homme tiré de sa nuit originelle jusqu'à la lueur de notre feu de camp.

– Comprenez-moi, je vous en prie, disait-il. Je n'ai pas choisi de naître vampire. C'est une malchance terrible. Je n'ai pas beaucoup d'amis. Et pourtant j'ai besoin d'une certaine quantité de sang toutes les nuits (oh! très petite!) sinon je suis torturé par des douleurs atroces, et au bout d'un certain temps je ne peux plus continuer de vivre! Je vous en supplie, je souffrirai horriblement – je mourrai même – si vous ne me permettez pas de sucer un peu de votre sang... un tout petit peu, je n'ai pas besoin de plus d'une chopine.

Il fit un pas vers moi, en repassant la langue sur

ses lèvres, songeant certainement que Shimoda était en quelque sorte mon maître et me forcerait à me soumettre.

– Un pas de plus, dis-je, et il va y avoir du sang. Oui, si vous me touchez, vous mourrez...

Je ne l'aurais pas tué, mais je l'aurais sûrement maîtrisé avant qu'il n'ait dit deux mots de plus.

Il devait m'avoir pris au sérieux, car il s'arrêta et poussa un soupir. Il se tourna vers Shimoda :

– Vous avez établi votre thèse, maintenant?

– Je crois, oui. Merci.

Le vampire me regarda, le sourire aux lèvres, parfaitement à l'aise, s'amusant énormément, comme un acteur de théâtre après la fin du spectacle.

– Je ne vais pas boire ton sang, Richard, me dit-il, très aimable – et sans aucun accent.

Je le regardai, et il s'effaça, comme s'il éteignait sa propre lumière... Cinq secondes plus tard, il n'était plus là.

Shimoda s'était rassis près du feu.

– Comme je suis content que tes paroles dépassent tes pensées!

Mes muscles continuaient à frémir, prêts pour mon combat contre le monstre : je devais être bourré d'adrénaline.

– Donald, je ne crois pas être de taille à supporter ce genre de choses. Tu ferais mieux de me dire ce qui se passe. Et d'abord qu'est-ce que c'était que... ça?

– Ch'était un fampire de Tranchylfanie, dit-il avec un accent encore plus épais que celui de la créature. Ou, pour être plus préchis, ch'était une *forme-pensée* de fampire de Tranchylfanie. Lorsque tu veux établir une thèse, et que tu t'aperçois qu'on ne t'écoute pas, tu donnes un petit coup de fouet à ton interlocuteur avec une petite forme-pensée qui démontre ce que tu veux dire. Tu ne crois pas que j'y suis allé un peu fort, avec la cape doublée de rouge, les crocs pointus et l'acchent comme cha? Tu n'as pas eu trop peur, au moins!

– La cape était sensationnelle, Don. Mais l'ensemble faisait un peu conventionnel, trop baroque... Je n'ai pas eu peur du tout.

Il soupira.

– Bien sûr, bien sûr! Mais tu as tout de même compris ma thèse et c'est ce qui compte.

– Quelle thèse?

– Richard, en traitant mon vampire comme tu l'as fait, tu faisais ce que tu avais envie de faire, tout en sachant que quelqu'un d'autre en souffrirait. Il t'a même *dit* qu'il allait souffrir si...

– Mais il allait me sucer le sang!

– C'est ce que nous faisons aux autres, lorsque nous disons que nous souffrirons s'ils n'acceptent pas de vivre à notre manière : nous leur suçons le sang.

Je demeurai longtemps sans mot dire, réfléchissant à ses paroles. J'avais toujours pensé que nous étions libres de faire ce que nous voulions uniquement dans la mesure où les autres n'en souffraient pas, et voilà que ça ne collait pas. Quelque chose clochait.

– Ce qui t'étonne, me dit-il, c'est le fait qu'une idée reçue se révèle impossible. La formule en question est *dans la mesure où les autres n'en souffrent pas.* Nous choisissons nous-mêmes de souffrir ou de ne pas souffrir, peu importe. C'est nous qui décidons. Personne d'autre. Mon vampire t'a bien dit qu'il souffrirait si tu ne le laissais pas faire, non? C'était sa décision de souffrir, c'était son choix. Ce que tu fais, toi, en fonction de cela, c'est ta décision à toi, ton propre choix : tu lui donnes ton sang, tu l'ignores, tu le maîtrises ou tu lui plantes dans le cœur une branche de houx. S'il ne veut pas de la branche de houx, il est libre de résister, et de choisir ses armes pour résister. Et ainsi de suite, des choix, des choix, des choix.

– Vu sous cet angle...

– Ecoute, dit-il, c'est important. *Nous sommes tous. Libres. De faire. Ce que. Nous voulons. Faire.*

14

Chaque personne,
tous les événements de ta vie,
sont là parce que tu
les as attirés là.

Ce que tu choisis
de faire avec eux
n'appartient qu'à
toi.

– Tu ne te sens pas seul, Don?

C'est dans un café à Ryerson, Ohio, que je lui posai cette question.

– Je suis surpris que tu...

– Attends! dis-je. Je n'ai pas terminé ma question. Ne te sens-tu jamais un petit peu seul?

– Ce que tu crois être de la...

– Mais attends donc! Tous ces gens, nous ne les voyons que quelques minutes. Une fois de temps en temps, il y a un visage dans la foule, un beau visage de femme, clair comme une étoile, qui me donne envie de m'arrêter et de dire bonjour, de rester là comme ça, sans bouger, et de bavarder pendant un moment. Mais elle s'envole avec moi pendant dix minutes – ou bien elle ne s'envole pas – puis elle s'en va et le lendemain je quitte l'endroit et je ne la revois plus jamais. C'est cela la solitude. Mais comment trouver des amis stables si je suis un instable moi-même!

Il ne dit mot.

– Est-ce possible?

– Je peux parler maintenant?

– Je pense bien, oui.

Dans ce café-là, les hamburgers étaient à moitié enveloppés dans du papier sulfurisé et lorsqu'on le dépliait, on trouvait des grains de sésame partout – petites choses inutiles, mais les hamburgers étaient bons. Il mangea en silence pendant un moment, et je l'imitai, curieux de ce qu'il allait dire.

– Tu vois, Richard, nous sommes des aimants, non? Pas des aimants. Nous sommes du fer, au milieu d'une bobine de fil de cuivre, et toutes les fois que nous désirons nous aimanter, nous le pouvons. Si nous branchons notre courant intérieur sur le fil de cuivre, nous attirons tout ce que nous voulons attirer. Un aimant ne se tracasse pas de la façon dont il fonctionne. Il est lui-même, et c'est dans sa nature d'attirer certaines choses et de laisser les autres inertes.

Je mangeai une frite et je le regardai, agacé.

– Tu n'as oublié qu'une chose : comment je fais ça?

– Tu ne fais rien. C'est la loi cosmique, tu te souviens? Qui se ressemble s'assemble. Sois ce que tu es, rien de plus : calme, clair et limpide. C'est automatique. Si nous paraissons ce que nous sommes en nous demandant à nous-mêmes à chaque instant : Est-ce bien là ce que je désire vraiment faire?, et en ne le faisant que si la réponse est oui, cela détourne automatiquement ceux qui n'ont rien à apprendre de ce que nous sommes, et cela attire ceux qui sont en mesure d'apprendre – ainsi bien sûr que ceux dont nous sommes en mesure d'apprendre quelque chose.

– Mais cela suppose une bonne dose de foi et en attendant on se sent drôlement seul.

Il me regarda par-dessus son hamburger de façon très étrange.

– De la foi ? Quelle blague ! Foi : zéro. Ce que cela suppose, c'est de l'imagination.

Il fit de la place sur la table entre nous, écartant la salière et le plat de frites, la sauce tomate, les fourchettes et les couteaux. Je me demandais ce qu'il manigançait. Qu'allait-il encore matérialiser sous mes yeux ?

– Si tu as l'imagination grosse comme un grain de sésame (et il plaça un grain de sésame au milieu du terrain qu'il venait de dégager), toutes les choses te sont possibles.

Je regardai le grain de sésame puis levai les yeux vers lui.

– Vous devriez peut-être organiser une rencontre entre vous – les Messies, je veux dire –, et vous mettre tous d'accord. Je pensais qu'il s'agissait d'avoir la foi quand les choses n'allaient pas comme je voulais.

– Non. C'est une chose que je voulais corriger, pendant la période où j'ai travaillé, mais c'était vraiment trop long et trop difficile. Il y a deux mille ans, ou cinq mille ans, ils n'avaient pas de mot pour désigner l'imagination et le mot foi est ce qu'ils trouvèrent de mieux à offrir à une bande de disciples, tous plus sérieux les uns que les autres. Ils n'avaient pas non plus de grains de sésame, d'ailleurs.

Je savais sans conteste possible qu'ils avaient des grains de sésame, mais je laissai passer cette erreur.

– Je suis censé imaginer cette aimantation ? dis-je. J'imagine une belle dame sage et mystique apparaissant au milieu des clients sur un champ de luzerne à Tarragon, Illinois ? Je peux faire ça, mais ce n'est rien d'autre que ce que c'est, mon imagination, rien de plus.

Excédé, il leva les yeux au ciel – représenté provisoirement par le plafond en tôle ondulée et les tubes au néon du café *Au Bon Coin.*

– Ton imagination, rien de plus? *Evidemment* c'est ton imagination. Notre monde sort de ton imagination, tu ne te souviens pas? *Où se trouve ta pensée, là se trouve ton expérience; un homme est ce qu'il pense; ce que j'ai redouté est venu sur moi; pense et deviens riche; visualisation créatrice pour le plaisir et le profit; comment se faire des amis en étant qui tu es.* En imaginant, tu ne changes pas l'Etre d'un poil, tu ne modifies en rien la réalité. Mais nous parlons de mondes bidon, de vies de cinéma, et chaque seconde de ces vies est illusion et imagination. Rêves chargés de symboles que, rêveurs éveillés, nous conjurons pour nous-mêmes.

Il mit sa fourchette et son couteau l'un à la suite de l'autre, comme pour construire un pont de sa place à la mienne.

– Tu te demandes ce que disent tes rêves? Tu peux tout aussi bien regarder les choses de ta vie éveillée et te demander pourquoi elles sont là. Toi et les avions de ta vie, vous ne cessez jamais de tourner en rond.

– D'accord, Don, d'accord.

J'aurais voulu qu'il n'aille pas si vite, qu'il s'arrête de m'enfoncer tout ça dans la tête coup sur coup. Un kilomètre à la minute, c'est trop rapide pour des idées nouvelles.

– Si tu rêvais d'avions, qu'est-ce que cela voudrait dire pour toi?

– Eh bien, la liberté. Les rêves d'avions sont évasion, envol, libération de moi-même.

– Ce n'est pas encore assez clair? Le rêve éveillé est la même chose : tu veux être libre de toutes les choses qui te tirent en arrière – la routine, l'autorité, l'ennui, la gravité. Ce que tu n'as pas encore compris, c'est que tu es déjà libre, et que tu l'as toujours été. Si tu avais conscience de ça, gros comme une moitié de grain de sésame, ça suffit... tu serais déjà le seigneur suprême de ta vie de magicien. Imagination, *rien de plus.* Qu'est-ce que tu en dis?

La serveuse le regardait de temps en temps avec un drôle d'air tout en essuyant la vaisselle. Elle écoutait, se demandant qui pouvait bien être ce type.

– Alors tu ne te sens jamais seul, Don? dis-je.

– Sauf si j'en ai envie. J'ai des amis dans d'autres dimensions qui viennent m'entourer de temps en temps. Toi aussi.

– Non... Je veux dire dans cette dimension-ci, dans notre monde imaginaire. Montre-moi ce que tu veux dire, offre-moi un petit miracle sur l'aimantation... Je veux vraiment apprendre ça.

– C'est à toi de me montrer, dit-il. Pour faire entrer quoi que ce soit dans ta vie, imagine que c'est déjà là.

– Quelque chose comme quoi? Comme ma belle dame?

– N'importe quoi. Pas ta belle dame. Quelque chose de petit pour commencer.

– Je suis censé m'y mettre tout de suite?

– Oui.

– D'accord... *Une plume bleue.*

Il me regarda, déconcerté.

– Richard? Une plume bleue?

– Tu as dit quelque chose qui ne soit pas une femme et qui soit petit.

Il haussa les épaules.

– Parfait. Une plume bleue. Imagine la plume. Visualise-la, chaque ligne dans son détail, le bout, les rainures en V, l'endroit où elle se recourbe, le duvet autour du tuyau. Pendant une minute. Puis tu la laisses partir.

Je fermai les yeux pendant une minute et je vis une image dans mon esprit, douze centimètres de long, bleue, irisée d'argent sur les bords. Une plume nette et précise qui flottait là dans le noir.

– Entoure-la d'une lumière dorée, si tu en as envie. C'est une chose utile qui contribue à la rendre réelle, mais ça marche pour l'aimantation également.

J'entourai ma plume d'une lueur d'or.

– Ça y est, dis-je.

– Et voilà. Tu peux ouvrir les yeux maintenant.

J'ouvris les yeux.

– Où est ma plume?

– Si tu l'as clairement dans ta pensée, elle est en ce moment en train de foncer sur toi comme un camion de dix tonnes.

– Ma plume? Comme un dix tonnes?

– Au sens figuré, Richard!

Pendant tout l'après-midi je fus aux aguets pour voir apparaître la plume, et elle n'apparut pas. Je dus attendre le soir pour la voir, tandis que nous dînions de sandwichs à la dinde chaude. Dessinée sur un berlingot de lait, avec imprimé en dessous : *Laiterie coopérative de la Plume Bleue, Bryan, Ohio.*

– Don! Ma plume!

Il regarda et haussa les épaules.

– Je croyais que tu voulais la vraie plume.

– Tu sais, pour un débutant, n'importe quelle plume fait l'affaire, pas vrai?

– As-tu vu uniquement la plume isolée, ou bien est-ce que tu la tenais à la main?

– Isolée.

– Tout s'explique. Si tu veux être avec ce que tu aimantes, tu dois te mettre dans le tableau toi aussi. Excuse-moi de ne pas te l'avoir dit.

Quel sentiment étrange et surnaturel! Ça marchait! J'avais consciemment aimanté ma première chose!

– Aujourd'hui une plume, dis-je, demain le monde!

– Fais attention, Richard, dit-il – et ces mots allaient me hanter –, ou tu pourrais avoir à le regretter...

15

La
vérité que tu
dis n'a ni passé
ni futur.

Elle est,
et c'est tout ce
qu'il lui faut être.

J'étais allongé sur le dos sous mon zinc, en train d'essuyer de l'huile sous le fuselage. Il me semblait que le moteur faisait moins d'huile qu'avant. Shimoda prit un client puis revint s'asseoir dans l'herbe près de moi.

– Richard, comment peux-tu espérer faire impression sur le monde? Tous les autres travaillent pour gagner leur vie et toi, en toute irresponsabilité, tu vas et tu viens jour après jour dans ton sacré biplane, avec des clients à trois dollars la balade. (Il me mettait à l'épreuve une fois de plus.) C'est une question que l'on te posera plus d'une fois.

– Ecoute, Don. Primo : je n'existe pas pour faire impression sur le monde. J'existe pour vivre ma vie d'une manière qui me rende heureux.

– D'accord. Secundo?

– Secundo : tous les autres sont libres de faire ce qu'ils veulent pour gagner leur vie. Tertio : responsable signifie *capable de répondre,* c'est-à-dire capable de répondre de la manière dont on choisit de vivre. Or, il n'y a qu'une personne à qui nous soyons obligés de répondre, et c'est?...

– Nous-mêmes! dit Don, prenant la parole au nom de la foule imaginaire de chercheurs de vérité assis autour de nous.

– Et nous ne sommes pas obligés de nous répondre à nous-mêmes, si nous n'en avons pas envie... il n'y a aucun mal à n'avoir pas de responsabilités. Mais la plupart d'entre nous trouvent plus intéressant de savoir pourquoi ils agissent comme ils le font, pourquoi ils font tel choix plutôt que tel autre – lorsqu'ils choisissent d'observer un oiseau, d'écraser une fourmi, ou bien de travailler pour de l'argent, dans un métier qu'ils préféreraient ne pas faire. (Je n'étais pas très sûr de moi.) Ma réponse est trop longue?

Il hocha la tête.

– Beaucoup trop longue.

– D'accord... « Comment espères-tu faire impression sur le monde?... »

Je sortis de dessous l'avion pour me reposer un instant dans l'ombre des ailes, puis je dis :

– « Je permets au monde de vivre comme il choisit, et je me permets de vivre comme je choisis. » Qu'est-ce que tu en penses?

Il me sourit, heureux et fier.

– Ça, c'est parler comme un vrai messie! Simple, direct, facile à retenir et à citer, et cela ne répond pas à la question, sauf si l'on prend le temps d'y réfléchir à deux fois.

– Mets-moi encore à l'épreuve, dis-je.

C'était merveilleux de voir mon propre esprit fonctionner quand nous faisions ce genre d'exercice.

– « Maître, dit-il, je désire être aimé, je suis gentil, je fais aux autres ce que j'aimerais que l'on me fît, et pourtant je n'ai pas d'amis et je suis tout seul. » Comment vas-tu répondre à ça?

– Ça me dépasse, dis-je. Je n'ai pas la moindre idée de ce que je peux te dire.

– *QUOI?*

– Je plaisante, voyons, pour détendre un peu l'atmosphère, une petite récréation n'a jamais fait de mal à personne.

– Tu devrais faire très attention à ta façon de détendre un peu l'atmosphère, Richard. Les gens qui viennent à toi ne considèrent pas leur problème comme un sujet de plaisanterie ou un jeu – sauf s'ils sont suffisamment évolués eux-mêmes, et dans ce cas ils savent déjà qu'ils sont leur propre messie. Les réponses t'ont été données, alors transmets-les. Essaie un peu de dire des trucs dans le genre de « ça me dépasse! » et tu verras à quelle vitesse une meute de fanatiques peut faire griller un homme sans autre forme de procès.

Je me levai et pris un air hautain.

– Chercheur de vérité, n'est-ce point pour ouïr réponse que tu te présentas devant ma face? Or donc vais-je entrouvrir mes lèvres. La Règle d'Or ne marche pas... Et si tu tombes sur un masochiste? Tu voudras vraiment qu'il fasse aux autres ce qu'il voudrait qu'on lui fît? Ou alors un adorateur du dieu Crocodile qui réclame à cor et à cri l'honneur d'être jeté vivant dans la fosse divine? Le bon Samaritain, lui-même, par qui tout ça a commencé... Qu'est-ce qui lui a fait croire que le type couché sur le bord de la route désirait avoir de l'huile sur ses plaies? Et si justement ce type-là profitait de ces instants de tranquillité pour se guérir lui-même par l'esprit, en prenant un plaisir extrême à surmonter cette difficulté?

J'avais l'air convaincant – en tout cas pour moi.

– Même si l'on modifiait la Règle, poursuivis-je, même si l'on disait *Fais aux autres ce qu'ils voudraient qu'on leur fît,* nul ne peut jamais savoir, sauf lui-même, ce qu'il désire qu'on lui fasse. Ce que signifie la Règle, son mode d'emploi honnête, le voici : *Fais aux autres ce que tu as sincèrement envie de leur faire.* Si tu tombes sur un masochiste, tu ne seras pas obligé de le fustiger sous prétexte que c'est ce qu'il désirerait que tu lui fasses. Et tu ne seras pas non plus obligé de jeter l'adorateur dans la gueule du crocodile.

Je le regardai, un peu inquiet.

– Verbeux, c'est ça?

– Comme toujours. Richard, tu risques de perdre quatre-vingt-dix pour cent de ton public si tu n'apprends pas à *être bref*!

– Et alors? Qu'est-ce qu'il y a de mal à perdre quatre-vingt-dix pour cent de mon public? lui répliquai-je. Qu'est-ce qu'il y a de mal à perdre TOUT mon public? Je sais ce que je sais et je dis ce que je dis! Et si ça ne plaît pas, eh bien, tant pis. Les balades en avion, c'est trois dollars les dix minutes, et on paie comptant, voilà tout.

– Tu sais quoi?

Shimoda se leva, chassant d'un revers de main les brins d'herbe de son pantalon.

– Quoi? dis-je, toujours aussi furieux.

– Tu as passé le concours, Richard. Te voilà devenu Maître. Tu te sens comment?

– Brimé. Drôlement brimé.

Il me regarda avec un sourire ténu.

– On s'habitue, dit-il.

Voici
une épreuve pour découvrir
si ta mission sur la terre
est terminée :

Si tu es vivant,
c'est qu'elle ne l'est
pas.

16

Les quincailleries sont toujours des endroits en longueur avec des étagères à l'infini.

Dans la quincaillerie d'Hayward, il me fallut fouiller en tous sens dans la pénombre avant de trouver les écrous, les boulons et les rondelles de blocage de dix millimètres dont j'avais besoin pour le longeron de la queue de mon zinc. Shimoda jetait un coup d'œil à droite et à gauche en m'attendant, puisqu'il n'avait évidemment aucun besoin de quincaillerie. L'économie mondiale s'effondrerait, pensai-je, si tout le monde était comme lui, à fabriquer ce qu'il lui faut avec des formes-pensées et de l'air pur, et à faire ses réparations sans pièces détachées ni main-d'œuvre.

Je finis par trouver la demi-douzaine de boulons dont j'avais besoin et je les portai jusqu'au comptoir où le patron faisait jouer de la musique douce.

C'était une mélodie que je connaissais, une de celles qui vous trottent dans la tête depuis l'enfance. Elle était jouée sur une sorte de luth, par un système sonore dissimulé... Etrange de trouver ce genre de chose dans un village de quatre cents âmes comme Hayward.

D'autant plus étrange qu'il n'y avait pas de système sonore du tout. Le patron, assis au comptoir, en train de se balancer sur son tabouret, écoutait le Messie jouer les notes sur une guitare à six cordes bon marché de l'étalage. Le son était très beau. Je payai en silence mes soixante-treize cents et la mélodie s'empara à nouveau de moi. Peut-être était-ce dû à la qualité médiocre de l'instrument bon marché, mais le timbre évoquait les brumes lointaines d'une Angleterre d'un autre âge.

– Don, c'est vraiment beau! Je ne savais pas que tu jouais de la guitare!

– Non? Alors tu penses que si quelqu'un s'était avancé vers Jésus-Christ et lui avait tendu une guitare, il aurait dit : « Je ne sais pas jouer de ce truc-là »? Tu crois ça, toi?

Shimoda reposa la guitare à sa place et sortit au grand air avec moi.

– Si quelqu'un parlait à un Maître en russe ou en persan, tu crois qu'il ne comprendrait pas ce qu'on lui aurait dit? Je parle d'un Maître digne de son aura. Et s'il voulait conduire un énorme bulldozer ou piloter un avion, tu crois qu'il ne pourrait pas le faire?

– Alors tu sais vraiment tout?

– Toi aussi, bien sûr. Seulement moi je sais que je sais tout.

– Je pourrais jouer de la guitare comme ça?

– Non, tu aurais ton propre style, différent du mien.

– Et j'y arriverais comment?

Je n'allais sûrement pas revenir sur mes pas et

acheter la guitare, c'est simple curiosité de ma part.

– Débarrasse-toi de toutes tes inhibitions, c'est tout. Cesse de croire que tu ne sais pas jouer. Touche l'instrument comme s'il était une partie de ta vie; il l'est d'ailleurs dans quelque autre existence. Sache que tout est prêt pour que tu en joues bien, et laisse ton moi non conscient s'emparer de tes doigts et jouer.

J'avais déjà lu quelque chose à ce sujet : l'apprentissage hypnotique; on dit aux étudiants qu'ils sont de grands artistes, et ils se mettent à jouer, à peindre et à écrire comme de grands artistes.

– C'est difficile, Donald, de chasser de moi ma connaissance du fait que je ne sais pas jouer de la guitare.

– Alors ce sera difficile pour toi de jouer de la guitare. Il te faudra des années d'exercice avant que tu ne te donnes la permission de jouer bien, avant que ton esprit conscient ne te dise que tu as assez souffert pour avoir gagné le droit de bien jouer.

– Pourquoi n'ai-je pas mis longtemps à apprendre à piloter? C'est censé être difficile, mais j'ai pris le coup très vite.

– Tu désirais voler?

– Il n'y avait que ça qui comptait pour moi! C'était ça ou rien. Je regardais les nuages d'en haut, et les fumées des cheminées dans le petit matin, je montais tout droit au-dessus des turbulences et je regardais... Oh! je vois où tu veux en venir. Tu vas me dire maintenant : « Tu n'as jamais éprouvé ce sentiment pour la guitare, n'est-ce pas? »

– Tu n'as jamais éprouvé ce sentiment pour la guitare, n'est-ce pas?

– Et le sentiment terrible que j'éprouve en ce moment, Don, me dit la façon dont tu as appris à piloter. Tu es simplement monté dans le Travel Air un beau matin et tu l'as conduit. Sans jamais avoir mis les pieds dans un avion auparavant.

– Fichtre! Ça, c'est de l'intuition!

– Tu n'as pas passé l'examen pour ta licence? Qu'est-ce que je raconte! Tu n'as même pas de licence, pas vrai? Même pas une licence de pilote en règle.

Il me regarda de façon étrange, avec l'ombre d'un sourire. Comme si je l'avais mis en demeure de me montrer cette licence, et qu'il sache qu'il pouvait le faire.

– Tu veux dire le morceau de papier, Richard? Ce genre de licence-là?

– Oui, le morceau de papier.

Il ne le prit pas dans sa poche, il ne le sortit pas de son portefeuille. Il ouvrit simplement la main droite et la licence de pilote s'y trouvait. Comme s'il l'avait gardée là en attendant que je la lui demande. Elle n'était pas froissée et ses couleurs n'étaient pas fanées, et je pensai que dix secondes plus tôt elle n'existait même pas.

Mais je la saisis et je l'examinai. C'était une licence officielle de pilotage, avec le cachet du ministère de l'Air, au nom de *Donald William Shimoda,* domicilié quelque part dans l'Indiana, pilote civil, autorisé pour appareils à un seul ou à plusieurs moteurs, pilotage aux instruments et vol à voile.

– Tu n'as pas les permis hydravion et hélicoptère?

– Je les aurai si j'en ai besoin, dit-il.

Il avait l'air si mystérieux que j'éclatai de rire et il en fit autant. L'homme qui balayait le trottoir devant le magasin de tracteurs agricoles leva les yeux vers nous et sourit, lui aussi.

– Et moi? dis-je. Je veux ma qualification de pilote de ligne.

– Il faudra que tu te fasses tes licences toi-même, vieux! me dit-il.

17

Ce soir-là, à l'émission de radio de Jeff Sykes, je vis un Don Shimoda que je ne connaissais pas encore. L'émission durait de neuf heures à minuit, et le studio n'était pas plus grand qu'une boutique d'horloger – avec partout des cadrans, des boutons, et des rouleaux de bande magnétique contenant des annonces publicitaires.

Sykes commença l'émission en demandant s'il n'était pas illégal de voler d'un village à l'autre dans un avion de modèle ancien et d'emmener des gens en balade.

La réponse est non, il n'y a rien d'illégal à cela, les avions sont inspectés avec autant de soin que les gros jets des compagnies aériennes. Ils sont plus sûrs et plus solides que la plupart des avions modernes à carcasse métallique, et l'on n'a besoin que de deux choses : la licence de pilote et l'autorisation du fermier. Mais telle ne fut pas la réponse de Shimoda.

– Personne ne peut nous empêcher de faire ce qu'il nous plaît, Jeff, dit-il.

C'est vrai, bien sûr, mais lorsqu'on parle à un public de radio qui se pose des questions au sujet des balades en avion, on peut y mettre un peu plus de tact. Une minute plus tard une petite lumière s'alluma sur le téléphone d'appel du bureau de Sykes.

– Nous avons un auditeur sur la ligne numéro un, dit Sykes. Bonsoir, madame, c'est à vous.

– Je suis à l'antenne?

– Oui, madame, vous êtes à l'antenne et notre invité de ce soir est M. Donald Shimoda, le pilote d'avion. Allez-y, madame, l'antenne est à vous.

– Bon. Eh bien, j'aimerais dire à ce type que c'est pas tout le monde qui peut faire ce qu'il lui plaît, et qu'il y a des personnes qui doivent travailler pour gagner leur bifteck, et qui prennent des responsabilités autrement plus importantes que d'aller faire le clown avec un avion de village en village.

– Les gens qui travaillent pour gagner leur vie font ce qu'ils désirent le plus, répondit Shimoda. Exactement comme les gens qui s'amusent pour gagner leur vie.

– L'Ecriture dit : « Tu gagneras ton pain à la sueur de ton front et tu te nourriras dans la souffrance. »

– Nous sommes libres de faire cela aussi, si c'est ce que nous désirons.

– « Fais ce qu'il te plaît! » J'en ai par-dessus la tête des gens comme vous qui disent : « Fais ce qu'il te plaît! Fais ce qu'il te plaît! » Vous lâchez la bride aux gens et ils détruiront le monde. Ils sont déjà en train de détruire le monde. Regardez ce qui se passe avec les forêts, les rivières et les océans!

Elle lui donna cinquante occasions différentes de répondre, mais il n'en saisit aucune.

– Je n'ai rien contre la destruction du monde, dit-il. Il y a des milliers de millions d'autres mondes qu'il nous appartient de créer, et entre lesquels nous pouvons choisir. Aussi longtemps que des hommes désireront des planètes, il y aura des planètes pour vivre.

Ce n'était sûrement pas ça qui allait calmer l'auditrice. Stupéfait, j'observai Shimoda. Il parlait de son point de vue, dans la perspective de nombreuses vies, à un niveau que seul un Maître peut espérer comprendre. L'auditrice supposait naturellement que la discussion portait sur la réalité de ce monde-ci : la naissance d'un côté et la mort de l'autre. Il le savait... pourquoi n'en tenait-il pas compte?

– Tout va bien, c'est ça? dit l'auditrice dans son téléphone. Il n'y a aucun mal dans ce monde, aucun péché rôdant autour de nous? Ça ne vous tracasse pas, hein?

– Il n'y a aucune raison de se tracasser, madame. Nous ne voyons qu'une petite parcelle du tout qui constitue la vie, et, isolée, cette parcelle est mensonge. Tout est en équilibre et nul ne souffre ni ne meurt sans son propre consentement. Nul ne fait ce qu'il ne désire pas faire. Il n'y a pas de bien et il n'y a pas de mal, hormis ce qui nous rend heureux et ce qui nous rend malheureux.

Rien de tout cela ne pouvait calmer la dame au téléphone, mais elle changea soudain d'attitude et dit simplement :

– Comment savez-vous tout ce que vous dites? Comment savez-vous que ce que vous dites est vrai?

– Je ne sais pas si c'est vrai, dit-il. Mais je le crois, parce que c'est amusant de le croire.

Je fermai à demi les paupières. Il aurait pu dire

qu'il avait mis tout cela à l'épreuve, et que ça marchait... les guérisons, les miracles, les exercices par lesquels ses idées se vérifiaient et pouvaient être appliquées. Mais il ne dit rien à ce propos. Pourquoi?

Il y avait une raison. Je demeurai ainsi, les yeux presque fermés. La plus grande partie de la pièce devenait grise, et l'image de Shimoda penché sur le microphone se troublait, de plus en plus floue. Il disait toutes ces choses de manière directe, sans offrir aucune possibilité de choisir, sans faire aucun effort pour aider les pauvres auditeurs à comprendre.

– Tous les êtres qui ont compté dans le monde, tous ceux qui ont jamais été heureux, tous ceux qui ont fait don de quoi que ce soit au monde ont été des âmes divinement égoïstes, qui vivaient pour le meilleur de leur propre intérêt. Sans aucune exception.

L'appel suivant émanait d'un homme.

– Egoïste! Monsieur, savez-vous ce qu'est l'Antéchrist?

Pendant une seconde Shimoda sourit, et il se détendit sur sa chaise. On aurait pu croire qu'il connaissait personnellement l'auditeur qui téléphonait.

– Peut-être pourriez-vous me le dire?

– Le Christ a dit que nous devions vivre pour notre prochain. L'Antéchrist dit : Sois égoïste, vis pour toi-même et laisse les autres aller au diable.

– Ou bien au ciel, ou bien à l'endroit où ils désirent aller, où que ce soit.

– Vous êtes dangereux, monsieur, je vous le dis. Que se passerait-il si tous les gens vous écoutaient et ne faisaient que ce qu'ils ont envie de faire? Que pensez-vous qu'il arriverait?

– Je pense que cette planète serait probablement

la plus heureuse de cette partie de la galaxie, dit-il.

– Monsieur, je n'ai pas du tout envie que mes enfants entendent vos paroles.

– Et qu'est-ce que vos enfants ont envie d'entendre ?

– Si nous sommes tous libres de faire tout ce que nous voulons, alors je suis libre de sortir dans votre champ de luzerne avec mon fusil et de vous faire sauter votre cervelle de cinglé !

– Bien sûr, vous êtes libre de le faire.

Il y eut un déclic brutal sur la ligne. Quelque part dans le village, il y avait au moins un homme en colère. Les autres (et les femmes en colère aussi) étaient suspendus au téléphone. Toutes les petites lumières du standard clignotaient en même temps.

Il n'était pas obligatoire que tout se passe ainsi; Shimoda aurait pu dire les mêmes choses de manière différente, sans prendre tout le monde à rebrousse-poil.

Peu à peu s'infiltrait en moi le sentiment que j'avais éprouvé à Troy, lorsque la foule s'était élancée pour l'encercler. Il était temps, oui, il était temps pour nous de nous éloigner.

Là, dans le studio, le manuel ne m'était d'aucun secours.

Afin de
vivre libre et joyeux
tu dois sacrifier
l'ennui.

Ce n'est pas toujours un
sacrifice facile.

Jeff Sykes avait dit à tout le monde qui nous étions, que nos appareils étaient sur le champ de luzerne de John Thomas, près de la Nationale 41, et que nous passions les nuits couchés sous les ailes.

Je sentais des vagues de colère, venant de personnes effrayées pour la moralité de leurs enfants, pour l'avenir du mode de vie de leur pays, et tout cela ne me rendait guère heureux. L'émission devait durer encore une demi-heure, et tout allait de mal en pis.

– Vous savez ce que je crois, monsieur? Vous êtes un imposteur, dit l'auditeur suivant.

– Bien sûr, je suis un imposteur! Nous sommes tous des imposteurs dans l'ensemble de ce monde, nous prétendons tous être quelque chose que nous ne sommes pas. Nous ne sommes pas des corps qui vont et viennent, nous ne sommes pas des atomes et des molécules, nous sommes des idées de l'Etre, indestructibles, impérissables, et peu importe que nous soyons fortement persuadés du contraire...

Il aurait été le premier à me rappeler que j'étais libre de partir si je n'aimais pas ce qu'il était en train de dire, et il aurait bien ri de me voir redouter qu'une meute en furie, prête à nous lyncher, ne nous attende avec des torches près de nos avions.

18

N'ayez point
de crainte au moment de l'au revoir
un adieu est nécessaire avant
de pouvoir se retrouver
encore.

Et ceux qui sont
amis sont assurés de se
retrouver encore,
après des instants
ou des vies.

Le lendemain à midi, avant l'arrivée des clients, il s'arrêta près de mon aile.

– Tu te souviens de ce que tu as dit quand tu t'es rendu compte de mon problème?

– Quel problème?

– Le fait que personne n'écoute, quel que soit le nombre de miracles que je fasse. Tu te souviens?

– Non.

– Tu te souviens de ce moment-là, tout de même!

– Ouais, je m'en souviens. Tu avais l'air tellement seul tout à coup. Mais je ne me rappelle pas ce que j'ai dit.

– Tu as dit que dépendre de l'attention que prêtent les gens à mes paroles, c'était faire dépendre mon bonheur de quelqu'un d'autre. C'était ce que j'étais venu apprendre ici, Richard : *que je sois compris ou non n'a pas d'importance.* Toute cette durée de vie, j'ai choisi de faire connaître autour de moi la façon dont le monde est fait. J'aurais pu tout aussi bien avoir choisi de ne rien dire du tout. L'Etre n'a pas besoin de moi pour dire aux gens comment ça marche.

– C'est évident, Don. J'aurais pu te le dire.

– Merci bien! Je découvre l'idée unique pour laquelle j'ai vécu cette vie, je termine l'œuvre de toute une existence, et voilà tout ce qu'il trouve à dire : « C'est évident, Don! »

Il riait. Mais il était triste en même temps. Comment aurais-je pu savoir pourquoi dès ce moment-là?

19

Le signe
de ton ignorance, c'est la profondeur
de ta croyance en l'injustice
et en la tragédie.

Ce que la chenille
appelle la fin du monde,
le Maître l'appelle
un papillon.

Ces paroles, lues la veille dans le manuel, furent le seul avertissement que je reçus. A la seconde précédente, tout était normal : des gens en petits groupes, attendant leur tour de s'envoler, son avion en train de se garer près d'eux au milieu des tourbillons de vent de l'hélice – une scène tout à fait banale, que j'observais de l'aile de mon zinc, tout en faisant le plein d'essence. La seconde suivante, on entendit comme un bruit de pneu qui éclate et les gens se mirent à courir en tous sens. Les pneus du Travel Air étaient intacts, le moteur continuait de ronronner au ralenti comme si de rien n'était, mais il y avait un trou gros comme le bras dans l'entoilage au-dessous du cockpit, et Shimoda avait été projeté du côté opposé, la tête penchée en avant, le corps figé comme par une mort soudaine.

Il me fallut quelques millièmes de seconde pour comprendre que quelqu'un avait tiré sur Donald Shimoda, un autre millième pour laisser tomber le jerricane d'essence et sauter de l'aile de mon zinc. Je courais. C'était comme un scénario de film, comme une pièce de théâtre de patronage : un homme avec un fusil s'enfuyait au milieu des autres, passant si près de moi que j'aurais pu le pourfendre avec un sabre. Je me souviens maintenant que je ne pris pas garde à lui. Je n'étais ni fou de rage, ni bouleversé, ni horrifié. La seule chose qui m'importait, c'était d'arriver le plus vite possible dans le cockpit du Travel Air et de parler avec mon ami.

On aurait dit qu'une bombe l'avait touché : tout le côté gauche de son corps n'était qu'une bouillie de cuir, de tissu, de chair et de sang, une masse écarlate informe.

Sa tête était tombée en avant sur le bouton d'arrivée d'essence du réservoir de secours, à l'angle inférieur droit du tableau de bord, et je songeai que s'il avait eu sa ceinture de sécurité il n'aurait pas été projeté en avant de cette façon-là.

– Don! Ça va?

C'était idiot, mais que dire d'autre?

Il ouvrit les yeux et sourit. Son visage était plein de sang.

– Richard, de quoi ça a l'air?

J'étais extrêmement soulagé de l'entendre parler. S'il pouvait parler, s'il pouvait penser, tout allait pour le mieux.

– Eh bien, mon petit vieux, si je n'en avais pas appris un peu plus, je dirais que tu as un sacré problème.

Il ne bougea pas, sauf peut-être sa tête, un tout petit peu. Et soudain j'eus très peur, plus à cause de son immobilité qu'à cause de la blessure et du sang.

– Je ne croyais pas que tu avais des ennemis, dis-je.

– Je n'en ai pas. C'était... un ami. Mieux vaut ne pas avoir... haïr... occasionner toutes sortes d'ennuis... dans sa vie... en me tuant.

Le siège et la cloison du cockpit étaient couverts de sang – ce ne serait pas une mince affaire que de remettre le Travel Air en état, bien que l'avion lui-même ne fût pas gravement endommagé.

– Etait-ce vraiment nécessaire, Don?

– Non, dit-il faiblement, mais je crois que... j'aime le mélodrame...

Il avait de la peine à respirer.

– Bon, allons-y! Guéris-toi, Don! Il y a encore des tas de gens qui ont envie de faire des balades en avion. On a du pain sur la planche.

Mais tandis que je plaisantais, et en dépit de tout son savoir et de toute sa compréhension de la réalité, mon ami Donald Shimoda s'écroula sur le bouton du démarreur, et mourut.

Le tonnerre éclata dans mes oreilles, le monde chancela et je glissai le long du fuselage éventré jusque dans l'herbe humide et rouge. C'était comme si le poids du manuel dans ma poche m'avait entraîné sur le côté. Au moment de ma chute, il tomba et le vent se mit à en feuilleter lentement les pages.

Je le saisis distraitement. Est-ce comme ça que ça finit? pensai-je. Tout ce qu'un Maître dit, n'est-ce que belles paroles incapables de le sauver si le premier chien enragé venu décide de l'attaquer au coin d'un champ de luzerne?

Il me fallut relire trois fois les mots imprimés sur la page avant d'en croire mes yeux.

*Tout
dans ce livre
peut être
faux.*

fin

Épilogue

A l'automne je m'étais envolé vers le sud, avec l'air chaud. Les bons emplacements étaient rares, mais les gens venaient en foules de plus en plus nombreuses. Les gens ont toujours aimé voler en biplane, et beaucoup d'entre eux restaient à bavarder et à griller des châtaignes autour de mon feu de camp.

Une fois de temps en temps, l'un d'eux – qui d'ailleurs n'avait pas été vraiment très malade – disait qu'il s'était senti soulagé après avoir bavardé avec moi, et le lendemain les gens me regardaient de façon étrange, et s'approchaient davantage, poussés par la curiosité. Plus d'une fois je partis dès l'aurore.

Il n'y eut pas de miracles, mais mon zinc se mit à marcher mieux qu'il ne l'avait jamais fait, et en consommant moins d'essence. Il ne faisait plus d'huile, et je ne trouvais plus d'insectes morts sur l'hélice et le pare-brise. L'air plus froid, sans aucun doute, à moins que les petites bestioles ne fussent devenues assez futées pour les esquiver.

Et cependant, un fleuve de temps s'était arrêté de couler au milieu de ce jour d'été où Shimoda avait été tué. C'était une fin que je ne pouvais ni comprendre ni admettre; elle était fixée là, bloquée, et je la revivais des milliers de fois, souhaitant qu'elle change d'une manière ou d'une autre. Mais elle ne changeait pas. Qu'étais-je donc censé apprendre ce jour-là?

Un soir, dans le Mississippi, vers la fin octobre, je pris peur d'une foule et je m'enfuis. Je me posai sur un petit champ désert, tout juste assez grand pour que mon zinc puisse redécoller.

Une fois de plus, avant de m'endormir, je pensai aux derniers moments de Shimoda : pourquoi était-il mort? Il n'y avait pas de raison à cela. Si ce qu'il disait était vrai...

Je n'avais désormais plus personne avec qui parler comme nous avions parlé ensemble, personne qui puisse m'enseigner des choses, personne que je puisse suivre à la trace et attaquer avec mes mots, personne contre qui aiguiser mon esprit tout neuf. Moi-même? Oui, bien sûr, mais c'était beaucoup moins drôle qu'avec Shimoda et sa façon de me déséquilibrer, toujours, avec son karaté spirituel. Et je m'endormis, et je rêvai en dormant.

★

Il était à genoux sur l'herbe d'une prairie. Le dos tourné vers moi, il était en train de poser une pièce sur le fuselage du Travel Air, à l'endroit où le coup de fusil l'avait endommagé. Il y avait à côté de lui un rouleau de toile d'avion de première qualité et un pot d'enduit au butyrate.

Je savais que j'étais en train de rêver, et je savais aussi que c'était réel.

– DON!

Il se leva lentement et se tourna vers moi, souriant à ma peine et à ma joie.

– Salut, mec! dit-il.

J'avais des larmes plein les yeux. Il n'y a pas de mort. Mourir, ça ne veut rien dire. Et cet homme était mon ami.

– Don!... *Tu es vivant!* Qu'est-ce que tu essaies de faire?

Je courus le prendre dans mes bras et il était réel. Je pouvais sentir le cuir de son blouson de pilote, étreindre ses bras à travers le cuir.

– Ça ne te ferait rien... dit-il. Tu vois que je suis en train de mettre une pièce sur ce trou, là.

J'étais si heureux de le voir, rien n'était impossible.

– Avec de la toile et de la colle? dis-je. Tu es en train de réparer ton avion avec de la toile et de la colle! Ne t'y prends pas comme ça : *vois-le parfait,* et c'est fait...

Tout en disant ces derniers mots, je passai la main devant la déchirure pleine de sang, comme pour faire écran, et à mesure que ma main passait, la déchirure disparaissait. Tout était impeccable, miroitant de peinture, le même entoilage du nez à la queue.

– Alors c'est comme ça que tu fais! dit-il.

Ses yeux noirs semblaient fiers de voir le cancre que j'étais réussir enfin son petit devoir de mécanicien de l'esprit.

Je ne trouvais pas ça étrange : dans le rêve, c'était sa façon de faire le boulot.

Il y avait un feu allumé près de l'aile et une poêle à frire en équilibre dessus.

– Tu fais cuire quelque chose, Don! Mais je ne t'ai jamais vu faire de cuisine! Qu'est-ce que c'est?

– Une galette, dit-il d'une voix neutre. La dernière chose que je veux faire dans ta vie, c'est te montrer comment on prépare une bonne galette.

Il coupa deux parts avec son couteau de poche et m'en donna une. J'en conserve encore le goût sur la langue au moment où j'écris... le goût de sciure et de colle de pâte rancie réchauffée dans du lard.

– Qu'est-ce que tu en penses? dit-il.

– Don...

– La revanche du fantôme! dit-il avec le sourire. Je l'ai faite avec du plâtre.

Il remit sa part dans la poêle.

– C'est pour te rappeler : si jamais tu désires pousser quelqu'un à apprendre, sers-toi de tes connaissances, et pas de ta galette. D'accord?

– NON! Aime-moi, aime ma galette! C'est la substance de la vie, Don!

– Si tu veux. Mais je te le garantis : ton premier souper sera le dernier si tu nourris tes invités avec ce truc-là!

Nous éclatâmes de rire, et dans le silence qui suivit, je le regardai.

– Don, tu vas bien, n'est-ce pas?

– Tu t'attends à ce que je sois mort? Allons, allons, Richard...

– Et tout ceci n'est pas un rêve? Je n'oublierai pas que je suis en train de te voir?

– Non. Tout ceci est un rêve. C'est un espace-temps différent et tout espace-temps différent est un rêve pour toute brave créature terrestre qui a son bon sens – et c'est ce que tu vas être pendant quelque temps encore. Mais tu te souviendras, oui, et cela changera tes pensées et ta vie.

– Je te verrai encore? Est-ce que tu reviendras?

– Je ne crois pas. Je désire aller par-delà les temps et les espaces... J'y suis déjà, en fait. Mais il y a ce lien entre nous, entre toi et moi, et les autres membres de notre famille. Si tu es arrêté par quelque problème, garde-le dans ta tête et endors-toi, nous nous rencontrerons ici près de l'avion et nous en parlerons, si tu le désires.

– Don...

– Quoi?

– Pourquoi ce coup de fusil? Pourquoi est-ce arrivé? Je ne vois ni puissance ni gloire dans le fait d'avoir ton cœur foudroyé par un coup de fusil.

Il s'assit dans l'herbe à côté de l'aile.

– Je n'étais pas un messie-vedette, Richard, je n'avais donc rien à prouver à qui que ce soit. Et comme tu as besoin de t'exercer à ne pas te laisser décontenancer par les apparences, *et à ne pas te laisser attrister par elles,* ajouta-t-il en insistant sur ces mots, cela te donne l'occasion d'utiliser quelques apparences sanglantes pour t'entraîner. Et j'y ai pris du plaisir aussi. Mourir, c'est comme plonger dans un lac profond par une chaude journée. On ressent un choc dû au changement brusque de température, et on en souffre pendant un instant, puis on l'accepte et c'est un bain dans la réalité. Mais après un certain nombre de fois, on ne ressent même plus le choc.

Un long moment plus tard il se leva.

– Le nombre des personnes intéressées par ce que tu as à dire est très faible, mais c'est bien ainsi. On ne mesure pas la qualité d'un Maître à l'étendue de son audience, souviens-toi de cela.

– Don, je vais essayer, je te le promets. Mais je quitterai le boulot sans retour dès qu'il cessera de m'amuser.

Nul ne toucha le Travel Air, mais son hélice se mit à tourner; de son moteur jaillirent quelques bouffées de fumée bleue, et le bruit des cylindres emplit la prairie.

– Promesse reçue, mais...

Il me regarda et sourit comme s'il ne me comprenait pas.

– Promesse reçue, mais quoi? Parle. Avec des mots. Dis-moi. Qu'est-ce qui ne va pas?

– Tu n'aimes pas les foules, dit-il.

– Pas lorsqu'elles me sautent dessus, non. J'aime parler, échanger des idées, mais cette espèce de culte par lequel tu es passé, et cet esclavage... J'espère que tu ne me demandes pas... J'ai déjà fui plusieurs fois...

– Peut-être suis-je simplement un peu bouché, Richard, peut-être ne puis-je voir une chose évidente que tu vois très bien, toi, et si je ne la vois pas, dis-le-moi s'il te plaît – mais qu'y aurait-il de mal à écrire tout ça sur du papier? Existe-t-il une règle qui interdise à un messie d'écrire ce qu'il pense être vrai, les choses qui l'ont amusé, celles qui ont bien marché pour lui? De cette façon, si des gens n'aiment pas ce qu'il dit, au lieu de lui tirer dessus à coups de fusil, peut-être pourront-ils simplement brûler ses paroles et frapper les cendres à coups de bâton? Et s'il y en a qui les apprécient, ils pourront les lire une seconde fois, ou les écrire sur la porte de leur réfrigérateur, ou jouer avec les idées qui ont un sens pour eux. Serait-ce mal d'écrire? Mais peut-être suis-je simplement un peu bouché.

– Dans un livre?

– Pourquoi pas?

– Tu te rends compte du *travail* que ça va être? Et puis j'ai promis de ne plus écrire un seul mot de toute ma vie!

– Oh, excuse-moi, dit-il. C'est une raison. Je ne savais pas.

Il mit le pied sur l'aile inférieure de son appareil puis s'installa dans la cabine.

– Bon... Eh bien, à un de ces jours. Ici ou là. Tiens bon, vieux. Ne te laisse pas prendre par les foules. Tu es bien sûr de ne pas vouloir écrire tout ça?

– Jamais, dis-je. Pas un mot de plus.

Il haussa les épaules et enfila ses gants de vol, poussa la manette des gaz, et le bruit du moteur s'amplifia soudain et tournoya autour de moi jusqu'à ce que je m'éveille, sous l'aile de mon zinc, les échos du rêve encore dans mes oreilles.

J'étais seul. Autour de moi tout était silencieux comme le vert de l'automne neigeant doucement sur l'aurore et sur le monde.

Alors, pour le plaisir, avant de me réveiller tout à fait, je pris mon journal de bord et commençai à écrire, moi, messie dans un monde d'autres messies, parlant de mon ami :

1. Il y eut un Maître venu sur la Terre, né dans le pays sacré d'Indiana,

Cinéma et TV

De nombreux romans publiés par J'ai lu ont été portés à l'écran ou à la TV. Leurs auteurs ne sont pas toujours très connus ; voici donc, dans l'ordre alphabétique, les titres de ces ouvrages :

Adieu à Berlin (Cabaret) *1213****	*Christopher Isherwood*
A la poursuite du diamant vert *1667****	*Joan Wilder*
Alien *1115****	*Alan Dean Foster*
Aliens *2105*****	*Alan Dean Foster*
Angélique, marquise des Anges	*voir page 19*
L'ami Maupassant *2047***	*Guy de Maupassant*
L'année dernière à Marienbad *546***	*Alain Robbe-Grillet*
L'Australienne *1969**** & 1970*****	*Nancy Cato*
Blade Runner *1768****	*Philip K. Dick*
Bleu comme l'enfer *1971*****	*Philippe Djian*
La Brûlure *2112***	*Nora Ephron*
Carrie *835****	*Stephen King*
Châteauvallon *1856**** & 1936*****	*Éliane Roche*
Christine *1866*****	*Stephen King*
La couleur pourpre *2123*** (fév. 87)*	*Alice Walker*
Coulisses *2108******	*Alix Mahieux*
Cujo *1590*****	*Stephen King*
Dallas *1324*****	*Lee Raintree*
- Les maîtres de Dallas *1387*****	*Burt Hirschfeld*
- Les femmes de Dallas *1465*****	*Burt Hirschfeld*
- Les hommes de Dallas *1550*****	*Burt Hirschfeld*
Les exploits d'un jeune don Juan *875**	*Guillaume Apollinaire*
Des fleurs pour Algernon *427****	*Daniel Keyes*
2001 - l'odyssée de l'espace *349***	*Arthur C. Clarke*
2010 - Odyssée deux *1721****	*Arthur C. Clarke*
Le diamant du Nil *1803****	*Joan Wilder*
Dynasty *1697** & 1894****	*Eileen Lottman*
E.T. l'extra-terrestre *1378****	*Spielberg/Kotzwinkle*
E.T. La planète verte *1980****	*Spielberg/Kotzwinkle*
Enemy *1968****	*B. Longyear et D. Gerrold*
L'exorciste *630*****	*William Peter Blatty*
Fanny Hill *711****	*John Cleland*
Fletch *1705****	*Gregory Mcdonald*
Les Goonies *1911****	*Steven Spielberg*
Jonathan Livingston le goéland *1562**	*Richard Bach*

Joy *1467*** & ***Joy et Joan*** *1703***	*Joy Laurey*
Kramer contre Kramer *1044****	*Avery Corman*
Ladyhawke *1832***	*Joan D. Vinge*
Love story *412** & ***Oliver's story*** *1059***	*Erich Segal*
Mad Max au-delà du dôme du tonnerre *1864****	*Joan D. Vinge*
Le magicien d'Oz *1652***	*Frank L. Baum*
Mission *2092****	*Robert Bolt*
Les oiseaux se cachent pour mourir *1021**** & 1022*****	*Colleen McCullough*
Pavillons lointains *1307**** & 1308*****	*M.M. Kaye*
Peur bleue *1999****	*Stephen King*
Police *2021****	*Catherine Breillat*
Poltergeist I *1394****	*James Kahn*
Poltergeist II *2091***	*James Kahn*
Racines *968**** & 969*****	*Alex Haley*
Rambo First Blood *1924****	*David Morrell*
Rencontres du troisième type *947***	*Steven Spielberg*
Révolution *1947****	*Richard Francis*
Rosemary's baby *342****	*Ira Levin*
Sauve-toi Lola *1678*****	*Ania Francos*
Scarface *1615****	*Paul Monette*
Le secret de la pyramide *1945****	*Alan Arnold*
Shangaï Surprise *2106****	*Tony Kenrick*
Shining *1197*****	*Stephen King*
Terminus *2122***	*Patrice Duvic*
37,2° le matin *1951*****	*Philippe Djian*
Les 39 marches *1862***	*John Buchan*
Un mari c'est un mari *823***	*Frédérique Hébrard*
Witness *1855***	*Kelley & Wallace*

2111
★★

Impression Brodard et Taupin à La Flèche (Sarthe)
le 19 décembre 1986
6804-5 Dépôt légal décembre 1986. ISBN 2-277-22111-2
Imprimé en France
Editions J'ai lu
27, rue Cassette, 75006 Paris
diffusion France et étranger : Flammarion